Wok

Wok

blitzschnell und leicht

Autorinnen:
Angelika Ilies, Martina Kittler, Gudrun Ruschitzka,
Christa Schmedes, Marlisa Szwillus

Fotos:
Studio R. Schmitz

Inhalt

Vegetarisches aus dem Wok 6
Ran ans junge Gemüse: Verführung pur von pikanten Auberginen bis Chinakohl süß-sauer

Wokgerichte mit Nudeln und Reis 40
Heiße Rezepte für fetzige Köche: von blitzschnellen Sesamnudeln bis zu knusprigem Würzreis

Mit Fleisch und Geflügel 64
Tolle Wokgerichte für starke Männer und schlanke Frauen: von Spareribs mit Kokossauce bis Huhn mit Sherry

Mit Fisch und Meeresfrüchten 90
Forellenlust, Garnelenfreuden: Superwoks im Blitzverfahren – von fritierten Fischbällchen bis Tintenfisch mit Avocado

Mini-Know-How 114
Wichtiges vorweg fürs Garen im Wok: Wissenswertes über den Wok, das Vorbereiten der Zutaten, die Garmethoden

Ganz ohne Einkaufen 114/115
Allround-Vorratsliste für Spontan-Woks 114
Asien-Vorratsliste 115
Wichtige Zutaten: Öle, fertige Würzsaucen 115
Schnelle Saucen – selbstgemacht 115
Röllchen, Päckchen, kleine Taschen: schnell gemacht aus Fertigteigen 115

Auf einen Blick 116
Alle Wokvariationen für Gäste 116
Alle Vorrats-Woks dieses Buches 117

Register von A bis Z 118

Süß-scharfes Thaigemüse

Zutaten für 4 Personen:
Frisch einkaufen:
1 walnußgroßes Stück frischer Ingwer
1–2 frische rote Chilischoten (nach Gusto)
250 g Broccoli
2 Frühlingszwiebeln
100 g Spinat oder Mangoldblätter
$^{1}/_{4}$ frische Ananas
Aus dem Vorrat:
2 Knoblauchzehen
3 Möhren, 3 EL Öl
1 EL brauner Zucker
100 ml Gemüsebrühe
3 EL Sojasauce
1 Spritzer Zitronensaft
Geschwindigkeitsindikator:
Arbeitszeit: ca. 35 Min.
Fruchtig-pikant
Pro Portion ca.: 335 kJ / · 80 kcal
4 g E · 1 g F · 14 g KH

1. Knoblauch und Ingwer schälen, fein würfeln. Chilischoten entkernen und in feine Streifen schneiden. Vom Broccoli Röschen abschneiden, Stiele schälen und würfeln. Möhren in dünne, schräge Scheiben schneiden. Auch Frühlingszwiebeln in dünne, schräge Ringe teilen. Spinat waschen, verlesen und in Streifen schneiden. Ananas schälen und ohne Strunk würfeln.

2. Wok erhitzen, Öl hineingeben. Knoblauch, Ingwer und Chillies unter Rühren kurz darin anbraten. Broccoli und Möhren ca. 2 Min., Frühlingszwiebeln ca. 1 Min. mitbraten.

3. Zucker darüber streuen, mit Brühe ablöschen. Spinat, Ananas, Sojasauce und Zitronensaft dazugeben, einmal aufkochen und heiß werden lassen.

Vegetarisches aus dem Wok

Süß-saures Gemüse

Zutaten für 4 Personen:

Frisch einkaufen:

je 1 rote und grüne Paprikaschote
1 Kohlrabi
1 kleiner Blumenkohl
1 frische rote Chilischote
1 walnußgroßes Stück frischer Ingwer

Aus dem Vorrat:

400 g Möhren
2 dünne Stangen Lauch
6 Maiskölbchen (Glas)
2 EL Sojasauce
2 EL Apfel- oder Reisessig
4 EL passierte Tomaten (Tetrapack)
2 EL brauner Zucker
je 1/4 TL Kreuzkümmel- und Korianderpulver
1/2 EL Speisestärke
1/8 l Gemüsebrühe, 3 EL Öl

Geschwindigkeitsindikator: ϟ

Arbeitszeit: ca. 50 Min.

Vitaminbombe

Pro Portion ca.: 775 kJ / · 185 kcal
6 g E · 7 g F · 23 g KH

1. Paprikaschoten waschen, halbieren, putzen und in Streifen schneiden. Möhren schälen und in Streifen schneiden. Kohlrabi schälen, vierteln und in dünne Scheiben schneiden. Lauch waschen, putzen und in Streifen schneiden. Blumenkohl waschen, in Röschen teilen. Stiel in Scheiben schneiden. Maiskölbchen abtropfen lassen.

2. Chilischote waschen, entkernen und fein würfeln. Ingwer schälen und fein reiben. Sojasauce, Essig, Tomaten und Zucker gründlich verrühren. Chillie, Ingwer, Kreuzkümmel und Koriander untermischen. Stärke in der Gemüsebrühe verrühren und dazugeben.

3. Wok erhitzen, Öl hineingeben. Möhren, Blumenkohl und Kohlrabi darin unter Rühren ca. 3 Min. braten. Lauch, Paprika und Mais ca. 2 Min. mitbraten. Sauce angießen und alles ca. 5 Min. leicht köcheln lassen, bis das Gemüse bißfest ist. Mit Reis servieren.

TIPS!

Aus dem Vorrat
TK-(Frühlings)gemüse und getrocknete Chilischote nehmen und anstatt frischem Ingwer Ingwerpulver.

Der besondere Kick für Gäste
Romanesco statt Blumenkohl.

Pikante Auberginen

Zutaten für 4–6 Personen:

Frisch einkaufen:

750 g mittelgroße Auberginen
1 rote Paprikaschote
3 Frühlingszwiebeln
1 walnußgroßes Stück frischer Ingwer
2 frische grüne Chilischoten
1/2 Bund Petersilie

Aus dem Vorrat:

3 Knoblauchzehen
2 EL Sesamsamen
10 EL Öl, Salz
2 EL Weißweinessig
1/2–1 TL Sambal oelek
je 1 TL Kreuzkümmel-, Zimt- und Korianderpulver

Geschwindigkeitsindikator: ϟϟ

Arbeitszeit: ca. 35 Minuten

Bei 6 Personen pro Portion ca.: 815 kJ / · 195 kcal
3 g E · 18 g F · 7 g KH

1. Auberginen grob würfeln. Paprika putzen und in ca. 2 cm große Stücke schneiden. Frühlingszwiebeln längs halbieren und in ca. 3 cm lange Stücke schneiden. Knoblauch und Ingwer sehr fein würfeln. Chilischoten entkernen und in feine Streifen schneiden.

2. Sesam im trockenen Wok goldgelb rösten, herausnehmen. 1 EL Öl in den Wok geben. Paprika darin ca. 1 Min. braten, herausnehmen. Auberginen in 8 EL Öl rundherum 3–5 Min. unter Rühren braten, salzen und herausnehmen.

3. Übrigen EL Öl in den Wok geben, Frühlingszwiebeln, Knoblauch, Ingwer und Chillies unter Rühren darin anbraten. Essig und Sambal oelek untermischen.

4. Auberginen untermengen, mit Kreuzkümmel, Zimt und Koriander würzen. Noch kurz braten, mit Sesam und Petersilienblättchen bestreut servieren.

TIPS!

Aus dem Vorrat
Kartoffeln statt Auberginen nehmen (ca. 10 Min. länger braten), Zwiebel statt Frühlingszwiebeln.

Chinakohl süßsauer

Zutaten für 4 Personen:
Frisch einkaufen:
500 g Chinakohl
1 frische rote Chilischote
Aus dem Vorrat:
4 EL Öl
Salz
2 EL brauner Zucker
5 EL Gemüsebrühe
3 EL Sojasauce
2 EL Weißweinessig
1–2 TL Sesamöl
Geschwindigkeitsindikator: ϟϟϟ
Arbeitszeit: ca. 20 Min.
Preiswert
Pro Portion ca.: 630 kJ/ · 150 kcal
2 g E · 13 g F · 7 g KH

1. Chinakohl zerteilen, putzen, waschen und in ca. 2 cm breite Streifen schneiden. Chilischote waschen, entkernen und in Streifen schneiden.

2. Den Wok erhitzen, Öl hineingeben. 2–3 Prisen Salz und Zucker darin unter Rühren auflösen, bis der Zucker goldbraun ist. Kohl und Chillie gut untermischen und ca. 3 Min. unter Rühren braten.

3. Brühe, Sojasauce und Essig untermischen. Kohl zugedeckt ca. 6 Min. dünsten. Mit Sesamöl beträufelt servieren.
Dazu schmecken Nudeln oder Reis.

TIPS!

Aus dem Vorrat
Zwiebeln statt Chinakohl, getrocknete Chilischote nehmen.

Der besondere Kick für Gäste:
Mischen Sie zum Schluß noch einige gegarte Garnelen unter das Gemüse und schmecken Sie es mit etwas Reiswein ab.

Fritierte Sojasprossen mit Schnittlauch

Zutaten für 4 Personen:
Frisch einkaufen:
200 g Quark
2 Bund Schnittlauch
1 Bund Radieschen
250 g frische Sojasprossen
1 walnußgroßes Stück frischer Ingwer
Aus dem Vorrat:
125 g Mehl
3 kleine Eier
Salz, weißer Pfeffer
1/4 TL Chilipulver oder Cayenne
1/8 l Buttermilch
1 EL Zitronensaft
1/4 TL Zucker
5 EL Sojasauce
1/8 l Sherry
1 TL Sambal oelek
750 ml Öl zum Fritieren
Geschwindigkeitsindikator: ϟ
Arbeitszeit: ca. 45 Min.
Für Gäste
Pro Portion ca.: 1570 kJ/ · 375 kcal
21 g E · 14 g F · 34 g KH

1. Für den Teig Mehl mit 1/8 l kaltem Wasser gründlich verquirlen und ca. 15 Min. quellen lassen. Dann Eier, 1/4 TL Salz, Pfeffer und Chilipulver untermischen.

2. Quark mit Buttermilch verrühren. Mit Zitronensaft, Zucker, Salz und Pfeffer würzen. Schnittlauch waschen und in Röllchen schneiden, Radieschen waschen und fein würfeln. Beides unter den Quark mischen.

3. Ofen auf 150° vorheizen. Sojasprossen kalt waschen und abtropfen lassen. Ingwer schälen und fein reiben. Sojasauce mit Sherry, Sambal oelek und Ingwer verrühren. Sojasprossen ca. 5 Min. darin ziehen lassen, dann noch einmal abtropfen lassen.

4. Zum Fritieren Öl im Wok erhitzen. Eine Handvoll Sprossen durch den Ausbackteig ziehen und mit 2 Gabeln jeweils kleine Portionen davon in das heiße Öl geben. In 1–2 Min. rundherum knusprig fritieren, herausheben und auf Küchenpapier entfetten. Nacheinander alle Sprossen fritieren (gebackene jeweils im Ofen warm und knusprig halten), mit der Schnittlauchsauce servieren.

TIPS!

Aus dem Vorrat
TK-Schnittlauch und Sojasprossen aus dem Glas nehmen und Ingwerpulver statt frischem Ingwer.

Süßsaures Wintergemüse mit Walnüssen

Zutaten für 4 Personen:
Frisch einkaufen:
400 g Rosenkohl (frisch oder TK)
300 g Knollensellerie
1 walnußgroßes Stück frischer Ingwer
1 frische rote Chilischote
1 Bund Petersilie
Aus dem Vorrat:
300 g Möhren
1 Stange Lauch
1 Zwiebel
1 Knoblauchzehe
$^1/_8$ l Gemüsefond oder -brühe
2 EL Sherry
4 EL Sojasauce
4 EL Weißweinessig
2 EL Honig
2 gestrichene TL Speisestärke
4 EL Öl
80 g grob gehackte Walnußkerne
Salz, schwarzer Pfeffer
Geschwindigkeitsindikator: ϟϟ
Arbeitszeit: ca. 35 Min.
Preiswerte Vitaminpower
Pro Portion ca.: 1380 kJ/ · 330 kcal
10 g E · 21 g F · 24 g KH

Dampfend heißes Gemüse, aus dem Wok serviert, läßt vergessen, daß es im Winter nicht ganz so viele frische Gemüse gibt.

1. Rosenkohl waschen und putzen, die Röschen am Strunkende kreuzweise einschneiden **(Step).** Röschen in kochendem Salzwasser in ca. 8 Min. bißfest garen (TK-Gemüse unaufgetaut ins kochende Wasser geben). Kalt abschrecken und gründlich abtropfen lassen. Rosenkohl je nach Größe halbieren oder vierteln.

2. Möhren und Sellerie schälen und zuerst in dünne Scheiben, dann in feine Stifte schneiden. Lauch putzen, gut waschen und schräg in ca. $^1/_2$ cm dünne Scheiben schneiden. Zwiebel, Knoblauch und Ingwer schälen und fein würfeln. Chilischote waschen, entkernen und in winzige Würfel schneiden.

3. Gemüsefond oder -brühe mit Sherry, Sojasauce, Essig, Honig und Speisestärke gründlich verrühren.

4. Wok erhitzen, die Hälfte vom Öl hineingeben. Walnüsse darin ca. 1 Min. braten, mit einem Schaumlöffel herausheben. Zwiebel, Ingwer und Knoblauch kurz anbraten. Möhren, Sellerie und Lauch ca. 2 Min. unter Rühren mitbraten. Rosenkohl und Chillie mit dem restlichen Öl untermischen, noch ca. 1 Min. braten. Sauce angießen, Walnüsse untermischen und alles bei starker Hitze noch ca. 2 Min. braten. Mit Salz und Pfeffer abschmecken.

5. Petersilie waschen, Blättchen fein hacken und über das Gemüse streuen.
Dazu schmeckt (Natur-)Reis.

TIPS!

Aus dem Vorrat
TK-Wintergemüse, getrockneten Chillie, TK-Petersilie und Ingwerpulver statt frischem Ingwer nehmen.

Der besondere Kick für Gäste
Zusätzlich 1 EL Walnußöl untermischen, mal statt Walnußkernen Cashews oder gehäutete Mandeln nehmen.

Zutaten für 4–6 Personen:
Frisch einkaufen:
150 g Knollensellerie, 1 Zucchino
1 walnußgroßes Stück frischer Ingwer
200 g grüne Bohnen
200 g Tomaten
je 200 g Sahnejoghurt und saure Sahne, 1 Bund Petersilie
Aus dem Vorrat:
150 g Möhren, 100 g Zwiebeln
2 Knoblauchzehen, 3 EL Öl
1 Dose gekochte Kichererbsen (850 g Inhalt)
1 EL Curry oder 1/2 EL Currypaste
1 1/4 l Gemüsebrühe
Salz, schwarzer Pfeffer
etwas Sambal oelek
4 EL Zitronensaft
Geschwindigkeitsindikator: ⚡⚡
Arbeitszeit: ca. 40 Min.
Vitaminreiches für Feinschmecker
Bei 6 Personen pro Portion ca.: 1675 kJ/ · 400 kcal
16 g E · 11 g F · 48 g KH

Kichererbsensuppe mit Petersilien-Joghurt

1. Joghurt und saure Sahne verrühren. Petersilie waschen, fein hacken und unterrühren.

2. Möhren und Sellerie schälen und in feine Stifte teilen. Zucchino in Scheiben schneiden, halbieren. Zwiebeln schälen und in Ringe schneiden, Knoblauch und Ingwer fein würfeln. Bohnen waschen, putzen, halbieren.

3. Wok erhitzen, Öl dazugeben. Bohnen, Möhren, Sellerie, Zwiebeln, Knoblauch und Ingwer darin unter Rühren ca. 3 Min. braten. Kichererbsen abtropfen lassen und mit Zucchini unter das Gemüse mischen. Curry unterrühren und anschwitzen. Brühe angießen, aufkochen lassen, salzen und pfeffern. Suppe zugedeckt bei schwacher Hitze 5–10 Min. köcheln lassen.

4. Tomaten waschen und vierteln und in die Suppe geben, noch 1–2 Min. garen. Suppe mit etwas Sambal oelek und Zitronensaft abschmecken. Mit Petersilien-Joghurt servieren.

TIPS!

Der besondere Kick für Gäste
Statt Möhren und Zwiebeln Zuckerschoten und Champignonviertel nehmen und ein Drittel der Gemüsebrühe durch Kokosmilch ersetzen.

Zutaten für 4 Personen:
Aus dem Vorrat:
30 g Glasnudeln
8 getrocknete Pilze (Tongku oder Mu-Err)
1 Knoblauchzehe
1 walnußgroßes Stück frischer Ingwer, 1 Möhre
1 dünne Stange Lauch, 1 EL Öl
3/4 l Gemüsebrühe
1 kleine Dose Maiskörner (150 g)
1/2–1 TL getrocknete zerbröselte Chilischoten
4–5 EL Sojasauce
2–3 EL Weißweinessig
Geschwindigkeitsindikator: ⚡⚡⚡
Arbeitszeit: ca. 25 Min.
Für Überraschungsgäste
Pro Portion ca.: 625 kJ/ · 150 kcal
4 g E · 5 g F · 23 g KH

Sauer-scharfe Gemüsesuppe

1. Glasnudeln und getrocknete Pilze getrennt in heißem Wasser ca. 15 Min. einweichen.

2. Inzwischen Knoblauch und Ingwer schälen und fein würfeln. Möhre schälen und in Streifen schneiden. Lauch putzen, längs aufschlitzen, waschen und in feine Streifen schneiden.

3. Pilze abtropfen lassen, von den harten Stielen befreien und in Streifen schneiden.

4. Wok erhitzen, Öl hineingeben. Knoblauch und Ingwer kurz darin anbraten. Pilze, Möhre und Lauch 1–2 Min. unter Rühren mitbraten. Gemüsebrühe angießen. Abgetropften Mais und Chillie dazugeben und zum Kochen bringen.

5. Glasnudeln abtropfen lassen, mit einer Schere etwas kleiner schneiden. In der Suppe einmal aufkochen lassen. Mit Sojasauce und Essig abschmecken und servieren.

TIPS!

Der besondere Kick für Gäste
Statt getrockneter Pilze frische Shiitake nehmen, die Maiskörner durch Maiskölbchen ersetzen und Hühnerfleischstreifen in die Suppe geben.

Kürbis-Kichererbsen-Curry

Zutaten für 4 Personen:
Frisch einkaufen:
1 Stück Kürbis (750 g)
1 walnußgroßes Stück frischer Ingwer
1 Bund Schnittlauch
Aus dem Vorrat:
1 Stange Lauch
1 Zwiebel, 1 Knoblauchzehe
3 EL Öl
1 ½ EL Curry oder ½ EL Currypaste
1 Prise Cayennepfeffer
800 g Kichererbsen (Dose), Salz
1 Dose ungesüßte Kokosmilch (400 g)
3 EL Kürbiskerne
Pfeffer, 1–2 EL Zitronensaft
Geschwindigkeitsindikator:
Arbeitszeit: ca. 30 Min.
Indisches im Herbst
Pro Portion ca.: 1965 kJ/ · 470 kcal
24 g E · 13 g F · 66 g KH

1. Kürbis entkernen, schälen und ca. 1 cm groß würfeln. Lauch waschen, putzen und schräg in ca. 1 cm breite Ringe schneiden. Zwiebel, Knoblauch und Ingwer schälen und fein würfeln.

2. Wok erhitzen, Öl hineingeben. Lauch und Kürbis darin unter Rühren 2–3 Min. braten. Zwiebel, Knoblauch und Ingwer ca. 2 Min. mitbraten. Mit Curry und Cayennepfeffer bestäuben und kurz anschwitzen. Kichererbsen mit ⅛ l Wasser und Salz dazugeben. Kokosmilch angießen, aufkochen und alles bei schwacher Hitze zugedeckt ca. 5 Min. köcheln lassen.

3. Inzwischen Kürbiskerne in einer Pfanne ohne Fett anrösten. Schnittlauch waschen und in Röllchen schneiden.

4. Kürbiscurry mit Salz, Pfeffer und Zitronensaft abschmecken, mit Schnittlauch und Kürbiskernen bestreut servieren.
Dazu schmeckt Basmati-Reis.

TIPS!

Aus dem Vorrat
Zucchini oder Kartoffeln statt Kürbis, Ingwerpulver statt frischem Ingwer nehmen.

Der besondere Kick für Gäste
Nur 1 EL Currypulver, dafür zusätzlich je 1 TL Kreuzkümmel- und Korianderpulver zum Würzen nehmen.

Buntes Gemüse mit mariniertem Tofu

Zutaten für 4 Personen:
Frisch einkaufen:
500 g Tofu
3 Zucchini
3 Frühlingszwiebeln
1 frische rote Chilischote
2 Zweige Petersilie oder 1 Bund Schnittlauch
Aus dem Vorrat:
3 EL Sojasauce
1 EL Weißweinessig
1 TL Zucker
2 EL Sesamöl
750 g Möhren
2 EL Öl
100 ml Gemüsebrühe
Salz, Pfeffer
Geschwindigkeitsindikator:
Arbeitszeit: ca. 25 Min.
Gibt Energie durch Tofu
Pro Portion ca.: 1090 kJ/ · 260 kcal
14 g E · 16 g F · 17 g KH

1. Tofu in ca. 2 cm dicke Scheiben schneiden. Sojasauce mit Essig, Zucker und 1 EL Sesamöl mischen. Tofu damit begießen und ca. 10 Min. marinieren.

2. Möhren schälen und schräg in ca. ½ cm dicke Scheiben schneiden. Zucchini waschen und in dünne Scheiben schneiden. Frühlingszwiebeln putzen, waschen und schräg in ca. 1 cm dicke Ringe schneiden. Chilischote entkernen und in Streifen schneiden.

3. Wok erhitzen, Öl mit dem übrigen EL Sesamöl hineingeben. Tofuscheiben mit Küchenpapier trockentupfen. Im Öl von beiden Seiten goldbraun braten, warm stellen.

4. Gemüse im Wok unter Rühren ca. 2 Min. anbraten. Marinade sieben und mit der Brühe dazugeben. Gemüse ca. 6 Min. köcheln lassen. Salzen, pfeffern und über dem Tofu verteilen. Kräuter kleinschneiden und darauf streuen.

TIPS!

Der besondere Kick für Gäste
Minzeblättchen statt Petersilie nehmen, Tofu durch Räuchertofu mit Pilzen oder durch Garnelen ersetzen.

Rührei mit Pilzen

Zutaten für 4 Personen:
Frisch einkaufen:
1 frische rote Chilischote
1 walnußgroßes Stück frischer Ingwer
1 Frühlingszwiebel
1 Bund Schnittlauch
Aus dem Vorrat:
6 getrocknete Pilze (z.B. Tongku-Pilze oder Steinpilze)
4 Eier
1 EL Sojasauce
1 TL Sesamöl
2 EL Öl
Geschwindigkeitsindikator:
Arbeitszeit: ca. 20 Min.
Raffiniert und ganz einfach
Pro Portion ca.: 670 kJ/ · 160 kcal
10 g E · 13 g F · 2 g KH

1. Getrocknete Pilze in einer Schüssel in heißem Wasser ca. 10 Min. quellen lassen.

2. Inzwischen Chilischote waschen, entkernen und klein würfeln. Ingwer schälen und fein würfeln. Frühlingszwiebel waschen, putzen, längs halbieren und in feine Streifen schneiden. Schnittlauch waschen und in Röllchen schneiden.

3. Pilze abtropfen lassen und klein würfeln. Eier verquirlen, Sojasauce und Sesamöl untermischen.

4. Wok erhitzen, 2 EL Öl hineingeben. Pilze, Chillie, Ingwer und Frühlingszwiebel unter die Eier mischen. Masse in den Wok geben und so lange garen, bis sie zu stocken beginnt. Die gestockte Masse jeweils an den Rand schieben. Rührei mit Schnittlauch bestreut servieren.

TIPS!

Der besondere Kick für Gäste
6 getrocknete Morcheln statt der anderen Pilze nehmen, mit 200 g Mangold, 50 g Sojasprossen, 100 g Erbsen und 50 g kleinen Garnelen kombinieren. Alles in Öl anbraten. Eier dazugeben und wie beschrieben garen.

Spinat mit gebratenen Austernpilzen

Zutaten für 4 Personen:
Frisch einkaufen:
800 g Spinat
400 g Austernpilze
1 walnußgroßes Stück frischer Ingwer
1–2 EL frisch gehackte Petersilie oder Basilikum oder Rucola
Aus dem Vorrat:
2 Zwiebeln
2 Knoblauchzehen
5 EL Öl
Salz, Pfeffer
3 EL Sojasauce
150 g Crème fraîche
2 EL Butter
1 EL Zitronensaft
Geschwindigkeitsindikator:
Arbeitszeit: ca. 25 Min.
Cremig-zart
Pro Portion ca.: 1420 kJ/ · 340 kcal
9 g E · 20 g F · 9 g KH

1. Spinat gründlich waschen, verlesen und gut abtropfen lassen. Die kurzen zähen Stiele der Austernpilze abschneiden. Pilze mit Küchenpapier sauber abreiben, größere Pilze vierteln. Zwiebeln, Knoblauch und Ingwer schälen und klein würfeln.

2. Wok erhitzen, 3 EL Öl hineingeben. Die Hälfte der Zwiebelwürfel, Knoblauch und Ingwer darin anbraten. Spinat hinzufügen, salzen, pfeffern und maximal 1 Min. braten, bis die Blätter zusammenfallen. Sojasauce hinzufügen und den Spinat zugedeckt ca. 1 Min. dünsten, Crème fraîche unterrühren. Vom Herd ziehen, Deckel auflegen.

3. Möglichst gleichzeitig die übrigen 2 EL Öl mit der Butter in einer Pfanne erhitzen. Restliche Zwiebelwürfel darin andünsten. Austernpilze hinzufügen, mit Salz, Pfeffer und Zitronensaft würzen und 3–4 Min. braten. Mit Kräutern bestreuen. Dazu schmecken Nudeln.

TIPS!

Aus dem Vorrat
TK-Spinat, getrocknete eingeweichte Steinpilze, Ingwerpulver und TK-Petersilie nehmen.

Der besondere Kick für Gäste
Jungen Weißkohl, Paksoi oder Mangold statt Spinat nehmen: in einzelne Blätter teilen und 1–2mal quer durchschneiden. Austernsauce oder Hoisinsauce statt Sojasauce nehmen.

Zutaten für 4 Personen:
Frisch einkaufen:
400 g Bulgur (Weizengrütze)
750 g Mangold
1 Bund gemischte Kräuter
Aus dem Vorrat:
2 EL milder Essig
Salz
2 Zwiebeln
3 Knoblauchzehen
1 EL Kürbiskerne
4 EL Öl
Geschwindigkeitsindikator:
Arbeitszeit: ca. 30 Min.
Preiswert
Pro Portion ca.: 1945 kJ/ · 465 kcal
17 g E · 11 g F · 80 g KH

Mangold-Bulgur

1. 400 ml Wasser zum Kochen bringen. Bulgur in eine Schüssel geben. Essig mit Wasser und Salz verrühren und darübergeben. 15 Min. quellen lassen.

2. Mangold waschen, in die einzelnen Blätter teilen. Stiele herausschneiden und fein hacken, Blätter in 3 cm breite Streifen schneiden. Zwiebeln und Knoblauch schälen und fein würfeln. Kräuter waschen, die Blättchen fein hacken.

3. Wok erhitzen, Kürbiskerne darin ohne Fett kurz anrösten, herausnehmen. Öl in den Wok gießen. Zwiebeln und Knoblauch darin ca. 1 Min. unter Rühren braten. Mangoldblätter und -stiele portionsweise hinzufügen, unter Rühren zusammenfallen lassen. Gegarten Mangold jeweils an den Rand schieben.

4. Bulgur unter den Mangold mischen und zugedeckt ca. 10 Min. garen. Abschmecken, mit Kürbiskernen und Kräutern bestreut servieren.

TIPS!

Aus dem Vorrat
2 Packungen TK-Spinat statt Mangold, TK- oder getrocknete Kräuter.

Der besondere Kick für Gäste
Die Hälfte vom Öl durch Kürbiskernöl ersetzen, statt der Zwiebeln 4 Schalotten nehmen.

Zutaten für 4 Personen:
Frisch einkaufen:
1 mittelgroße Aubergine
2 Zucchini
je 1 kleine gelbe, rote und grüne Paprikaschote
je 2–3 Zweige Thymian, Rosmarin, Basilikum und Petersilie, ersatzweise nur Petersilie
Aus dem Vorrat:
1 Zwiebel
2–3 Knoblauchzehen
4 EL Olivenöl
1 kleine Dose geschälte Tomaten (400 g)
$^1/_8$ l trockener Rotwein
Salz, Pfeffer
Geschwindigkeitsindikator:
Arbeitszeit: ca. 30 Min.
Europäisch
Pro Portion ca.: 795 kJ/ · 190 kcal
6 g E · 9 g F · 16 g KH

Schnelle Ratatouille

1. Aubergine und Zucchini waschen, putzen und in 2–3 cm große Würfel schneiden. Paprikaschoten waschen, halbieren, putzen und in schmale Streifen schneiden. Zwiebel und Knoblauch schälen, Zwiebel fein hacken. Kräuter waschen, die Blättchen bzw. Nadeln ebenfalls hacken.

2. Wok erhitzen, die Hälfte vom Öl hineingeben. Zwiebel darin unter Rühren ca. 1 Min. braten. Aubergine darin ca. 4 Min. braten, nach und nach das übrige Gemüse mit den restlichen 2 EL Öl dazugeben und unter Rühren noch 2–3 Min. braten. Das gebratene Gemüse jeweils an den Rand schieben.

3. Tomaten samt Saft und Wein angießen, Knoblauch dazupressen. Gemüse mit Salz und Pfeffer würzen, Kräuter untermischen. Unter Rühren noch 1–2 Min. garen.

Frühlingsgemüse mit Kerbel

Zutaten für 4 Personen:
Frisch einkaufen:
200 g Broccoli oder Blumenkohl
300 g Zuckerschoten oder grüne Bohnen (möglichst die flache Sorte)
150 g Champignons
30 g Kerbel oder Basilikum
Aus dem Vorrat:
200 g Möhren
Salz
2 kleine Zwiebeln
2 Knoblauchzehen
100 g Maiskörner (Dose)
200 ml Gemüsefond oder -brühe
150 g Crème fraîche
2 gestrichene TL Speisestärke
1/2 unbehandelte Zitrone
Pfeffer
3 EL Olivenöl
2 EL Pinienkerne
Geschwindigkeitsindikator:
Arbeitszeit: ca. 45 Min.
Mit vielen Vitaminen
Pro Portion ca.: 1320 kJ/ · 315 kcal
8 g E · 25 g F · 17 g KH

TIPS!

Aus dem Vorrat
TK-Broccoli, TK-Spinat, TK-Erbsen und TK-Kräuter statt Kerbel nehmen.

Der besondere Kick für Gäste
Frische Shiitake-Pilze statt Champignons, frische Minimaiskölbchen statt Maiskörnern aus der Dose. Mit dem Knoblauch noch 20 g frischen Ingwer hacken und anbraten. Pinienkerne durch Sesam ersetzen. Statt der angegebenen Sauce 1/8 l Gemüsefond, 3 EL Sojasauce, 2 EL Hoisinsauce, 1 TL Sesamöl und 1 TL Speisestärke verrühren und angießen.

1. Broccoli oder Blumenkohl putzen, Röschen abschneiden, Stiele schälen und kleinschneiden **(Step 1).** Stiele in kochendem Salzwasser ca. 3 Min. kochen, Röschen dazugeben, alles noch ca. 2 Min. garen. Kalt abschrecken und abtropfen lassen.

2. Möhren schräg in dünne Scheiben schneiden **(Step 2).** Zuckerschoten oder Bohnen waschen und putzen, evtl. in kleinere Stücke schneiden. Pilze mit Küchenpapier abreiben, in dünne Scheiben schneiden. Zwiebeln schälen und in Ringe schneiden, Knoblauch schälen und fein würfeln. Mais abtropfen lassen.

3. Gemüsefond, Crème fraîche und Speisestärke gut verquirlen. Zitronenschale fein abreiben **(Step 3),** Saft auspressen. Schale und ca. 1 EL Saft mit Salz und Pfeffer unter die Sauce mischen.

4. Wok erhitzen, Öl hineingeben. Pinienkerne darin in ca. 1 Min. goldgelb braten, herausheben. Zwiebeln und Knoblauch ca. 1 Min. unter Rühren braten. Möhren ca. 3 Min. mitbraten. Broccoli, Zuckerschoten, Pilze und Mais dazugeben und 3–4 Min. weiterbraten.

5. Sauce angießen und einmal aufkochen lassen. Gemüse auf der abgeschalteten Kochstelle noch ca. 3 Min. zugedeckt ziehen lassen.

6. Inzwischen den Kerbel oder das Basilikum verlesen und waschen. Einige Blättchen zum Garnieren beiseite legen, den Rest fein schneiden und unter das Gemüse mischen. Gericht mit den Pinienkernen und dem übrigen Kerbel bestreuen.
Dazu schmeckt Reis oder Couscous.

1

2

3

Scharfes Currygemüse

Zutaten für 4 Personen:
Frisch einkaufen:
1–2 frische rote Chilischoten
200 g kleine Maiskölbchen
200 g Zuckerschoten oder TK-Erbsen
1 walnußgroßes Stück frischer Ingwer
Aus dem Vorrat:
Salz
1 Stange Lauch
300 g Möhren
2 Knoblauchzehen, 4 EL Öl
1 Dose ungesüßte Kokosmilch (400 g)
1–2 EL Curry oder 1/2 EL Currypaste
6 EL Sojasauce
Geschwindigkeitsindikator: ϟϟϟ
Arbeitszeit: ca. 30 Min.
Mit vielen Vitaminen
Pro Portion ca.: 1400 kJ/ · 335 kcal
11 g E · 11 g F · 50 g KH

1. Chilischoten waschen, entkernen und in feine Streifen schneiden. Maiskölbchen waschen und in wenig kochendem Salzwasser zugedeckt ca. 7 Min. garen, dann abtropfen lassen.

2. Inzwischen Lauch putzen, aufschlitzen, waschen und in schmale Streifen schneiden. Zuckerschoten waschen, putzen und jeweils schräg dritteln. Möhren schälen, erst längs in dünne Scheiben, dann in feine Streifen schneiden.

3. Knoblauch und Ingwer schälen und fein würfeln. Wok erhitzen, Öl hineingeben. Knoblauch, Ingwer und Chillies darin unter Rühren kurz anbraten. Nacheinander das Gemüse dazugeben und unter Rühren 2–3 Min. mitbraten.

4. Kokosmilch, Curry und Sojasauce dazugeben, unter Rühren einmal aufkochen lassen. Dann 1–2 Min. kochen lassen, bis das Gemüse bißfest ist.

TIPS!

Aus dem Vorrat
Getrockneten Chillie, Maiskölbchen oder Maiskörner aus der Dose und Ingwerpulver nehmen.

Kohlrabigemüse mit Sonnenblumenkernen

Zutaten für 4 Personen:
Frisch einkaufen:
800 g Kohlrabi
1 unbehandelte Orange
3 Zweige Petersilie oder Basilikum
Aus dem Vorrat:
600 g Möhren
2 EL Sojasauce
1 EL Sherry
1 EL Essig
1 gestrichener TL Speisestärke
30 g Sonnenblumenkerne
3 EL Öl
1 EL brauner Zucker
150 ml Gemüsebrühe
Geschwindigkeitsindikator: ϟϟϟ
Arbeitszeit: ca. 25 Min.
Preiswert
Pro Portion ca.: 835 kJ/ · 200 kcal
6 g E · 11 g F · 19 g KH

1. Möhren und Kohlrabi schälen und zuerst in Scheiben, dann in ca. 4 cm lange, dünne Stifte schneiden. Orange heiß waschen, abtrocknen und 1 TL Schale ganz dünn abreiben (sonst wird das Gericht bitter!). Saft auspressen.

2. Orangensaft mit Sojasauce, Sherry, Essig und Speisestärke glattrühren. Orangenschale unter die Sauce mischen.

3. Wok erhitzen, Sonnenblumenkerne darin ohne Fett leicht rösten, wieder herausnehmen. Öl in den Wok geben. Gemüsestifte darin ca. 2 Min. unter Rühren braten. Zucker mit Gemüsebrühe verrühren, dazugeben. Gemüse bei mittlerer Hitze ca. 5 Min. köcheln lassen. Sauce dazugießen, einmal aufkochen und in ca. 3 Min. gar ziehen lassen (Bißprobe machen).

4. Kräuter waschen, Blättchen abzupfen. Gemüse mit Sonnenblumenkernen und Kräutern bestreuen.

TIPS!

Der besondere Kick für Gäste
Palmzucker statt braunem Zucker, Koriandergrün statt Petersilie nehmen.

Schupfnudeln mit Kohl

Zutaten für 4 Personen:
Frisch einkaufen:
750 g zarter Weißkohl
1 walnußgroßes Stück frischer Ingwer
400 g Schupfnudeln (Kühlregal)
1/2 Bund Schnittlauch
Aus dem Vorrat:
300 g Lauch
2 Knoblauchzehen
3 EL Sojasauce
2 EL Sherry
1 EL Essig
1 TL Zucker
1 gestrichener TL Speisestärke
5 EL Öl
2 TL Korianderpulver
Salz, Pfeffer
Geschwindigkeitsindikator: ⚡⚡⚡
Arbeitszeit: ca. 15 Min.
Chinesisch-bayerische Liaison
Pro Portion ca.: 1320 kJ/ · 315 kcal
11 g E · 12 g F · 47 g KH

Ein preiswertes Überraschungs-Gericht, eine gelungene kulinarische Mischung aus China und Bayern. Für gute Freunde auch mal mit selbstgemachten Schupfnudeln, die sich im übrigen sehr gut vorbereiten lassen!

1. Kohl waschen, putzen und in die einzelnen Blätter teilen. Dicke Blattrippen herausschneiden und die Blätter in ca. 1/2 cm breite Streifen schneiden. Lauch waschen, putzen und längs halbieren, dann quer in ca. 1/2 cm breite Streifen schneiden. Ingwer und Knoblauch schälen und fein hacken **(Step).**

2. 4 EL Wasser mit Sojasauce, Sherry, Essig, Zucker und Speisestärke gründlich verrühren.

3. Wok erhitzen, Öl darin heiß werden lassen. Schupfnudeln darin mit dem Koriander portionsweise in ca. 5 Min. goldbraun braten, dabei vorsichtig wenden. Herausnehmen und warm stellen.

4. Ingwer und Knoblauch im verbliebenen Fett ca. 1/2 Min. braten. Lauchstreifen unter Rühren ca. 1 Min. mitbraten. Kohl untermischen und noch ca. 3 Min. braten. Sauce angießen und aufkochen lassen. Mit Salz und Pfeffer würzen. Schupfnudeln untermischen, alles zugedeckt ca. 2 Min. ziehen lassen.

5. Schnittlauch waschen und in Röllchen schneiden. Auf die Schupfnudeln streuen.

TIPS!

Der besondere Kick für Gäste
Spitzkohl statt Weißkohl nehmen, zusätzlich zum Lauch noch 3 Frühlingszwiebeln in Ringe schneiden.

Schupfnudeln selber machen
350 g mehligkochende Kartoffeln in der Schale in Salzwasser weich kochen. Etwas abkühlen lassen, dann schälen und noch warm durch die Kartoffelpresse drücken. Mit 1 Ei, 1/2 TL Salz, frisch geriebener Muskat und Pfeffer verkneten. Etwa 60 g Mehl einarbeiten, so daß ein glatter Teig entsteht. Den Teig auf der bemehlten Arbeitsfläche zu einer großen, ca. 5 cm dicken Rolle formen. In ca. 1 cm dicke Scheiben schneiden. Diese zu kleinen, fingerlangen Würstchen mit spitz zulaufenden Enden formen.

Zutaten für 4 Personen:
Frisch einkaufen:
3 Zweige Petersilie
Aus dem Vorrat:
700 g festkochende Kartoffeln
Salz
2 Stangen Lauch
1 Zwiebel
2 Knoblauchzehen
250 g gegarte Kichererbsen (Dose)
400 g Tomaten
1 unbehandelte Zitrone
2 EL Erdnußcreme (oder selbstgemachte Erdnuß-Sauce, S. 115)
100 ml Gemüsebrühe
Pfeffer
6 EL Olivenöl
1 TL Kreuzkümmelpulver
$^1/_4$ TL Paprika, rosenscharf
Geschwindigkeitsindikator: ϟϟ
Arbeitszeit: ca. 40 Min.
Würzig und Preiswert
Pro Portion ca.: 1650 kJ/ · 395 kcal
14 g E · 17 g F · 45 g KH

Arabische Bratkartoffeln

1. Kartoffeln schälen und in 1–2 cm große Würfel schneiden. In kochendem Salzwasser ca. 5 Min. vorgaren, gut abtropfen lassen, trockentupfen.

2. Lauch waschen, putzen und schräg in ca. $^1/_2$ cm dicke Ringe schneiden. Zwiebel und Knoblauch schälen und fein hacken. Kichererbsen kalt abbrausen. Tomaten kurz überbrühen, häuten, entkernen und würfeln. Petersilienblättchen bis auf einige fein hacken.

3. Zitronenschale fein abreiben, 2 EL Saft auspressen. Beides mit Erdnußcreme, Petersilie und Brühe verquirlen. Salzen und pfeffern.

4. Wok erhitzen, 2 EL Öl hineingeben. Kartoffeln darin unter Rühren ca. 3 Min. braten. Übrige 4 EL Öl angießen. Lauch, Zwiebel und Knoblauch darin ca. 2 Min. braten. Mit Kreuzkümmel und Paprika bestäuben, Kichererbsen untermischen.

5. Erdnuß-Sauce einrühren, einmal aufkochen lassen. Tomaten und Petersilie unterheben, zugedeckt auf der abgeschalteten Kochstelle ca. 3 Min. ziehen lassen. Salzen, pfeffern und mit Petersilie bestreuen.

TIPS!

Der besondere Kick für Gäste
Frische Minze statt Petersilie und Sesampaste (Tahin) statt Erdnußcreme nehmen.

Zutaten für 4 Personen:
Frisch einkaufen:
20 tiefgekühlte Wan-Tan-Blätter, aufgetaut
2 Frühlingszwiebeln
75 g feste Kokoscreme am Stück
Aus dem Vorrat:
1 kleine Möhre
1 kleine Dose Maiskörner (150 g)
5 EL Sojasauce
Pfeffer
750 ml Öl zum Fritieren
Geschwindigkeitsindikator: ϟ
Auftauzeit: ca. 45 Min.
Arbeitszeit: ca. 45 Min.
Für Gäste
Pro Portion ca.: 1025 kJ/ · 245 kcal
6 g E · 13 g F · 26 g KH

Wan-Tans mit Kokos-Gemüse-Füllung

1. Von den aufgetauten Wan-Tan-Blättern die benötigte Menge ablösen.

2. Frühlingszwiebeln waschen und in sehr feine Ringe schneiden. Möhre schälen und grob raspeln. Mais abtropfen lassen.

3. Kokoscreme fein raspeln, mit dem vorbereiteten Gemüse, der Sojasauce und Pfeffer mischen.

4. Nach und nach Wan-Tan-Blätter vom Stapel nehmen, je 1 gehäuften TL Füllung in die Mitte setzen. Teigränder ganz leicht mit Wasser befeuchten, hochheben und über der Füllung vorsichtig zu Säckchen zusammendrücken und -drehen.

5. Öl zum Fritieren im Wok heiß werden lassen. Wan-Tans portionsweise im heißen Öl in 4–5 Min. goldbraun ausbacken. Mit einer Schaumkelle herausheben und auf Küchenpapier abtropfen lassen.
Dazu schmeckt der selbstgemachte Gurken-Dip oder die Chilisauce von S. 115 oder eine süß-saure Chilisauce aus dem Asienladen.

Gedämpfte Wan-Tans

Zutaten für 4 Personen:
Frisch einkaufen:
3 Frühlingszwiebeln
150 g Champignons
1 walnußgroßes Stück frischer Ingwer
2 frische grüne Chilischoten
Aus dem Vorrat:
125 g Mehl, 3 EL Öl
1 Messerspitze gemahlener Kurkuma
Salz
40 g gehackte Mandeln
1/2 getrocknete Chilischote
1 TL Zitronensaft
1 Eiweiß, Pfeffer, 1 kleine Zwiebel
1 EL Honig, 1 EL milder Essig
6 EL Sojasauce
Geschwindigkeitsindikator: ϟ
Arbeitszeit inkl. Ruhezeit: ca. 50 Min.
Dämpfzeit: ca. 2 x 10 Min.
Koch-»action« für Kinder und Freunde
Pro Portion ca.: 1130 kJ / 270 kcal
10 g E · 13 g F · 33 g KH

TIPS!

Aus dem Vorrat
Zwiebeln statt Frühlingszwiebeln, getrocknete und eingeweichte Pilze und getrocknete Chillies oder Piri-Piri aus dem Glas nehmen.

Der besondere Kick für Gäste – Mangosauce
1 reife Mango schälen und das Fruchtfleisch ablösen. In kleine Würfel schneiden. 1–2 frische Chilischoten waschen, entkernen und sehr fein hacken. Mangofruchtfleisch mit 1–2 TL Honig, 1–2 TL Essig und 1 EL Kokosflocken im Mixer pürieren. Chillies untermischen, mit Ingwerpulver nach Gusto und Salz abschmecken.

Die trendigen Teigtaschen können Sie auch gut für Gäste zubereiten: portionsweise dämpfen und immer wieder frisch servieren. Oder Sie machen eine gemeinsame Koch-»action« daraus: Gute Freunde können Sie zum Wan-Tan-Ausrollen animieren: Leere Flaschen sind ein prima Ersatz fürs Nudelholz und wer die schönsten Säckchen dreht, wird »Koch des Abends«.

1. Für den Teig das Mehl mit 1 EL Öl und 5–6 EL Wasser, Kurkuma sowie 1 Prise Salz zu einem glatten Teig verkneten, der nicht an den Fingern klebt. In ein Tuch wickeln und ca. 30 Min. ruhen lassen.

2. Inzwischen Frühlingszwiebeln putzen, waschen und sehr fein hacken. Champignons mit Küchenpapier abreiben und ebenfalls fein hacken. 1 haselnußgroßes Stück Ingwer fein reiben.

3. Wok erhitzen, 2 EL Öl darin erwärmen. Geriebenen Ingwer, Frühlingszwiebeln, Pilze und Mandeln darin unter Rühren gut anbraten. Getrockneten zerriebenen Chillie und Zitronensaft dazugeben und gut vermischen. Etwas abkühlen lassen.

4. Pilzmischung mit dem Eiweiß pürieren, salzen und pfeffern. Teig in 20 Stücke teilen und jeweils auf wenig Mehl rund ausrollen. Je 1 TL Füllung in die Mitte geben. Die Teigränder mit etwas Wasser befeuchten **(Step)**, über der Füllung zusammendrücken und etwas drehen, so daß kleine Säckchen entstehen.

5. Die Wan-Tans, ohne daß sie sich berühren, in ein Dämpfkörbchen setzen. Etwas Wasser im Wok erhitzen. Das Dämpfkörbchen hineinstellen und die Wan-Tans portionsweise zugedeckt bei mittlerer Hitze ca. 10 Min. dämpfen.

6. Inzwischen für die Sauce übrigen Ingwer und Zwiebel schälen und fein hacken. Grüne Chilischoten entkernen und fein würfeln. Honig, Essig, Sojasauce und 100 ml Wasser in einen Topf geben und aufkochen. Ingwer, Chillies und Zwiebel dazugeben und alles bei mittlerer Hitze in 10 Min. dicklich einkochen lassen. Wan-Tans mit der Sauce servieren.

Wan-Tans mit Orangensauce

Zutaten für 4 Personen:
Frisch einkaufen:
60 tiefgekühlte Wan-Tan-Blätter, aufgetaut
150 g Chinakohl
2 Frühlingszwiebeln
1 walnußgroßes Stück frischer Ingwer
1/2 Bund Petersilie oder frischer Koriander
1 Romanasalat
1 TL Schale und 2 EL Saft von 1/2 unbehandelten Orange
Aus dem Vorrat:
10 g getrocknete Pilze (z.B. Tongku)
2 EL Sesamsamen
200 g Möhren
2 Knoblauchzehen
2 EL Sojasauce
3 TL Sesamöl
Salz, Pfeffer
1 Eiweiß
750 ml Öl zum Fritieren
4 EL Weißweinessig
1 TL Honig
6 EL Öl
2–3 Tropfen Tabascosauce
Geschwindigkeitsindikator:
Arbeitszeit: ca. 45 Min.
Macht was her
Pro Portion ca.: 1880 kJ/ · 450 kcal
12 g E · 22 g F · 51 g KH

TIPS!

Aus dem Vorrat
Bambussprossen aus der Dose statt Chinakohl, Zwiebeln statt Frühlingszwiebeln und Ingwerpulver statt Ingwer nehmen.

Dämpfen statt Fritieren
Sie können die Teigtäschchen übrigens genausogut dämpfen (S. 114). Im Dämpfeinsatz brauchen sie über heißem Wasserdampf 10–15 Min.

Keine Zeit für Orangensauce? Diese knusprigen Teigtaschen können Sie auch prima mit unterschiedlichen, fertig gekauften Saucen aus dem Asienladen oder der Asien-Ecke des Supermarktes servieren.

1. Falls noch nicht geschehen, Wan-Tan-Blätter in ca. 1 Std. auftauen lassen, dann die benötigten Blätter ablösen. Pilze mit kochendem Wasser überbrühen und ca. 15 Min. quellen lassen. Sesam in einer trockenen Pfanne unter Rühren anrösten, bis er würzig duftet.

2. Möhren schälen und zuerst in Scheiben, dann in feine Stifte schneiden. Chinakohl und Frühlingszwiebeln waschen, putzen und fein würfeln. Knoblauch und Ingwer schälen und winzig klein würfeln. Petersilie waschen, Blättchen fein hacken.

3. Pilze abtropfen lassen, von den Stielen befreien und fein hacken. Mit dem Gemüse, Knoblauch, Ingwer, Petersilie, Sojasauce und 2 TL Sesamöl vermischen. Mit Salz und Pfeffer würzen.

4. Teigplatten portionsweise ausbreiten, Ränder mit verquirltem Eiweiß bestreichen. Jeweils 1 gehäuften TL Füllung in die Mitte der Blätter setzen, die Seiten zu Säckchen darüber schlagen. Ofen auf 75° vorheizen.

5. In einem Wok das Öl zum Fritieren erhitzen. Es ist heiß genug, wenn an einem hölzernen Kochlöffelstiel viele Bläschen aufzusteigen beginnen (siehe Seite 114). Romanasalat waschen, putzen und in feine Streifen schneiden.

6. Die Päckchen portionsweise im heißen Fett in ca. 3 Min. goldbraun und knusprig fritieren. Auf dem Fritiergitter des Woks oder auf Küchenpapier kurz abtropfen lassen. Im Ofen warm halten, bis alle fritiert sind.

7. Inzwischen für die Sauce Essig, Orangenschale und -saft mit Honig, Salz und Pfeffer gut verquirlen. 6 EL Öl und restliches Sesamöl unterschlagen. Tabasco und 1 EL Sesam untermischen. Salat darin wenden und auf Tellern verteilen. Teigtäschchen darauf anrichten und mit dem übrigen Sesam bestreuen. Dazu paßt außerdem selbstgemachte (S. 115) oder fertig gekaufte Chili- oder Pflaumensauce zum Dippen. Auch der Gurken-Dip (S. 115) schmeckt dazu!

Frühlingsrollen mit schnellen Dips

Zutaten für 4 Personen:
Frisch einkaufen:
1 Paket TK-Frühlingsrollenblätter
3–4 frische rote Chilischoten
je 1/2 Bund Petersilie und Dill
2 Frühlingszwiebeln
1–2 frische grüne Chilischoten
1 Apfel, 200 g Joghurt
1 EL Basilikumblätter
150 g frische Sojasprossen
100 g Champignons
Aus dem Vorrat:
2 kleine Zwiebeln
5 Knoblauchzehen
1 Zitrone
8 EL süße Sojasauce (Ketjap manis)
6 EL Weißweinessig
2 EL Honig, Salz, Pfeffer
1/2 Salatgurke
1 Fleischtomate
3 EL Tomatenketchup
1 EL Zitronensaft
1 dünne Stange Lauch
3 EL Öl
2 EL Sojasauce, 1 EL Sherry
Zucker, Cayennepfeffer
750 ml Öl zum Fritieren
Geschwindigkeitsindikator:
Arbeitszeit: ca. 40 Min.
Feines für Gäste, gut vorzubereiten
Pro Portion ca.: 1925 kJ/ · 460 kcal
15 g E · 15 g F · 68 g KH

1. Frühlingsrollenblätter evtl. auftauen lassen. Für den Chilidip Zwiebeln und Knoblauch schälen, rote Chilischoten entkernen. Alles würfeln. Petersilie waschen, fein hacken. Zitrone auspressen, Saft mit der süßen Sojasauce und allen gehackten Zutaten mischen.

2. Für den Gurkendip 1 Tasse Wasser mit Essig, Honig, Salz und Pfeffer aufkochen, abkühlen lassen. Gurke schälen und klein würfeln. Frühlingszwiebeln und grüne Chilischoten waschen, putzen und fein hacken. Dill kleinschneiden und mit Chillies, Frühlingszwiebeln und Gurke unter die Essigmischung rühren.

3. Für den Tomatendip Tomate kurz überbrühen, häuten und klein würfeln. Apfel schälen und fein reiben. Tomate und Apfel mit Joghurt, Ketchup und 1 EL Zitronensaft verrühren, salzen, pfeffern. Basilikum hacken, darauf streuen.

4. Sojasprossen kalt abspülen. Champignons sauber abreiben, Lauch waschen und putzen, beides in Streifen schneiden.

5. Wok erhitzen, 1 EL Öl hineingeben. Sprossen, Pilze und Lauch darin 1–2 Min. braten. Mit Sojasauce, Sherry, Salz, Zucker und Cayennepfeffer abschmecken. Backofen auf 75° vorheizen.

6. Auf die Teigfladen jeweils 1 EL Gemüsefüllung geben. Die Seiten darüber schlagen und den Teig vorsichtig aufrollen **(Step 1)**. Im Wok das Öl zum Fritieren erhitzen (S. 114). Frühlingsrollen darin portionsweise 4–5 Min. goldgelb backen, auf Küchenpapier im Backofen warm halten. Mit den Dips servieren.

Teig selber machen

200 g Mehl mit ca. 450 ml kaltem Wasser und 1/2 TL Salz verrühren, kurz quellen lassen. Eine mittelgroße Pfanne dünn ölen. Jeweils 2 EL Teig hineingeben, durch Drehen verteilen **(Step 2)**. Den Teig bei schwacher Hitze mehr trocknen lassen als backen, bis sich die Ränder blaß wölben.

TIPS!

Aus dem Vorrat
Dips ohne frisches Gemüse und Kräuter und mit getrockneten Chillies zubereiten. Für die Frühlingsrollen Sojasprossen aus dem Glas und Gemüse aus dem Vorrat nehmen.

1

2

Vietnamesische Frühlingsrollen

Zutaten für 4 Personen:
Frisch einkaufen:
16 Reispapierblätter (22 cm ø)
50 g Silberzwiebeln (Glas)
4 Chinakohl- oder Eissalatblätter
1 walnußgroßes Stück frischer Ingwer
1 frische rote Chilischote
Aus dem Vorrat:
4 getrocknete Pilze (z.B. Mu-Err)
60 g Glasnudeln
2 Essiggurken
150 g Bambussprossen (Dose)
2 Möhren
200 g Ananasringe (Dose)
2 EL Sojasauce
2 EL Sesamöl
Pfeffer
1 Knoblauchzehe
5 EL Tomatenpüree
2 EL milder Essig
2 EL brauner Zucker
750 ml Öl zum Fritieren
Geschwindigkeitsindikator: ⚡⚡
Arbeitszeit: ca. 40 Min.
Prima für Kinder
Pro Portion ca.: 1150 kJ/ · 275 kcal
7 g E · 10 g F · 41 g KH

Das ideale Gericht für alle – schmeckt garantiert auch den Kids. Natürlich können Sie auch anderes Gemüse in die Füllung »hineinzaubern«.

1. Reispapierblätter einzeln in warmes Wasser tauchen und nebeneinander auf ein feuchtes Küchentuch legen **(Step 1).** Mit einem weiteren feuchten Tuch abdecken. Pilze mit heißem Wasser übergießen und ca. 20 Min. quellen lassen. Glasnudeln kurz in kochendes Wasser tauchen, herausnehmen, abtropfen lassen und mit einer Schere kleiner schneiden **(Step 2).**

2. Silberzwiebeln abtropfen lassen und in Scheiben schneiden. Essiggurken fein würfeln. Bambussprossen in streichholzdünne Stifte schneiden. Möhren schälen und fein raspeln. Ananas abtropfen lassen und in kleine Stücke schneiden. Chinakohl- oder Eissalatblätter waschen, trockenschleudern und in Streifen schneiden.

3. Pilze abtropfen lassen, von den zähen Stielen befreien und kleinschneiden. Pilze, Silberzwiebeln, Essiggurken, Bambussprossen, Möhren, Ananas und Salatstreifen mit den Glasnudeln mischen, mit Sojasauce, 1 EL Sesamöl und Pfeffer abschmecken.

4. Jeweils etwas Füllung auf die untere Hälfte der Reispapierblätter geben. Den unteren Rand und die Seiten über der Füllung nach innen schlagen, das Reispapier fest, aber vorsichtig zu einer gleichmäßigen Rolle aufrollen.

5. Für die Sauce Ingwer und Knoblauch schälen und fein hacken. Chilischote waschen, entkernen und fein zerkleinern. Diese Zutaten mit Tomatenpüree, Essig, Zucker und 1 EL Sesamöl bei schwacher Hitze ca. 2 Min. köcheln lassen, fein pürieren. Backofen auf 75° vorheizen.

6. Öl zum Fritieren im Wok erhitzen (S. 114). Die Frühlingsrollen darin portionsweise in 3–4 Min. goldgelb fritieren, jeweils herausnehmen und auf Küchenpapier im Backofen warm halten. Mit der Sauce servieren.

1

2

TIPS!

Sommertip
Rollen unfritiert, aber gut gekühlt mit der Sauce servieren. Dazu eventuell noch jeweils in 1 Salatblatt wickeln.

Bulgur-Kroketten

Zutaten für 4 Personen:
Frisch einkaufen:
250 g Bulgur (Weizengrütze)
300 g Joghurt
1/2 Bund Petersilie
Aus dem Vorrat:
300 g Salatgurke
Salz
150 g Möhren
1 Zwiebel, 2 EL Olivenöl
je 1 TL Kreuzkümmel- und Paprikapulver, edelsüß
Cayennepfeffer
400 ml Gemüsebrühe
2 EL Semmelbrösel
2 EL Zitronensaft
1 Knoblauchzehe
Pfeffer
2 Eier, 3 EL Mehl
750 ml Öl zum Fritieren
1 Zitrone
Geschwindigkeitsindikator: ϟ
Arbeitszeit: ca. 50 Min.
Gut vorzubereiten
Pro Portion ca.: 1945 kJ/ · 465 kcal
16 g E · 17 g F · 64 g KH

1. Gurke schälen, längs halbieren und entkernen. Fein raspeln und mit Salz bestreut ca. 30 Min. Wasser ziehen lassen.

2. Inzwischen Möhren schälen und fein raspeln. Zwiebel schälen und sehr fein würfeln. Olivenöl erhitzen. Möhren, Zwiebel und Bulgur darin andünsten. Mit Kreuzkümmel, Paprika und Cayennepfeffer würzen. Brühe angießen. Bulgur zugedeckt bei schwacher Hitze in ca. 20 Min. ausquellen lassen. Semmelbrösel unter den Bulgur mischen, ca. 10 Min. abkühlen lassen.

3. Inzwischen für die Gurkensauce Joghurt mit Zitronensaft verrühren. Knoblauch schälen und dazupressen. Gurkenraspel abtropfen lassen und etwas ausdrücken. Untermischen, die Sauce salzen und pfeffern.

4. Petersilie waschen, fein hacken. Mit Eiern und Mehl zum Bulgur geben und gut vermischen. Salzen, pfeffern, aus der Masse mit angefeuchteten Händen ca. 20 Kroketten formen. Backofen auf 75° vorheizen.

5. Öl zum Fritieren im Wok erhitzen (S. 114). Kroketten darin portionsweise in 4–5 Min. goldbraun fritieren. Auf Küchenpapier kurz abtropfen lassen, jeweils im Backofen warm halten. Zitrone in Spalten schneiden und mit der Sauce zu den Kroketten servieren.

TIPS!

Aus dem Vorrat
Statt Joghurt Crème fraîche, feingewürzt, dazu servieren, statt Bulgur Patnareis oder Hirse nehmen.

Der besondere Kick für Gäste
Die Hälfte des Joghurts durch Schafmilchjoghurt ersetzen.

Käse-Pastetchen

Zutaten für 4 Personen:
Frisch einkaufen:
450 g TK-Hefeteig, aufgetaut
100 g Bergkäse
125 g Mozzarella
je 1/2 Bund Petersilie und Basilikum
Aus dem Vorrat:
50 g Pinienkerne
50 g Walnußkerne
Pfeffer
etwas Mehl
750 ml Öl zum Fritieren
Geschwindigkeitsindikator: ϟϟ
Arbeitszeit: 40 Min.
Super-Snack zu Wein und Bier
Pro Portion ca.: 2825 kJ/ · 675 kcal
25 g E · 39 g F · 56 g KH

1. Hefeteigplatten evtl. auftauen lassen.

2. Inzwischen beide Käsesorten klein würfeln. Pinien- und Walnußkerne grob hacken und im Wok ohne Fett leicht anrösten.

3. Kräuter waschen, die Blättchen fein hacken. Mit Nüssen und Käse mischen, pfeffern.

4. Teigplatten auf wenig Mehl dünn ausrollen, 12 cm große Kreise ausstechen. Jeweils 1 EL Käsemischung in die Mitte der Kreise geben. Ränder leicht mit Wasser befeuchten, Teig zusammenfalten, Ränder mit einer Gabel gut festdrücken.

5. Öl zum Fritieren im Wok erhitzen (S. 114). Teigtäschchen darin portionsweise in 4–5 Min. goldbraun ausbacken. Auf Küchenpapier abtropfen lassen.

TIPS!

Blitz-Beilage
1 gehackte Zwiebel andünsten, 1 Dose Tomaten (400 g) dazugeben, würzen, einkochen lassen.

Mie Goreng

Zutaten für 4 Personen:

Frisch einkaufen:

250 g Putenfilet, 1 walnußgroßes Stück frischer Ingwer, 300 g Mangold, 1 rote Paprikaschote, 200 g Papaya, 100 g Palmherzen (Dose)

Aus dem Vorrat:

3 EL Sojasauce, 1 EL Sherry, 1 TL Speisestärke, 1 TL Sesamöl, etwas Chilisauce, 200 g asiatische Eiernudeln, Salz, 1 Zwiebel, 2 Knoblauchzehen, 3 EL Öl, etwas Zucker, etwas Essig

Geschwindigkeitsindikator:

Arbeitszeit: ca. 25 Min.

Toll für Gäste

Pro Portion ca.: 1590 kJ / · 380 kcal

25 g E · 9 g F · 51 g KH

1. Filet in Streifen schneiden. Mit 1 EL Sojasauce, Sherry, Speisestärke und Sesamöl verrühren. Mit Chilisauce abschmecken.

2. Nudeln bißfest kochen, kalt abschrecken. Zwiebel, Knoblauch und Ingwer fein hacken. Mangold in Streifen schneiden, Stiele würfeln. Paprika streifig schneiden. Papaya entkernen, mit Palmherzen in Scheiben schneiden.

3. Wok erhitzen, Öl hineingeben. Putenstreifen unter Rühren kurz anbraten. Zwiebeln, Knoblauch und Ingwer hinzufügen und unter Rühren ca. 1 Min. braten. Mangold, Papaya, Paprika und Palmherzen 2–3 Min. mitbraten.

4. Mit 2 EL Sojasauce, Zucker und etwas Essig süß-sauer abschmecken. Nudeln untermischen, heiß werden lassen.

Nudeln und Reis

Sesamnudeln

Zutaten für 4 Personen:
Frisch einkaufen:
1 walnußgroßes Stück frischer Ingwer
4–6 Frühlingszwiebeln
Aus dem Vorrat:
350 g breite Reisnudeln
2 Zitronenblätter
60 g Sesamsamen
2 EL Sesamöl
1 EL Sojaöl oder anderes Öl
Salz
Geschwindigkeitsindikator: ⚡⚡⚡
Arbeitszeit: ca. 30 Min.
Feines aus dem Vorratsschrank
Pro Portion ca.: 1880 kJ/ · 450 kcal
17 g E · 16 g F · 69 g KH

1. Reisnudeln mit kochendem Wasser überbrühen, 15 Min. quellen lassen.

2. Ingwer schälen und fein würfeln. Frühlingszwiebeln waschen, putzen und längs halbieren. Dann in schmale Streifen schneiden. Zitronenblätter waschen, die harte Mittelrippe herausschneiden und die Blätter in feine Streifen schneiden.

3. Wok erhitzen, die Sesamsamen darin unter Rühren ohne Fett rösten, bis sie würzig duften, dann beiseite stellen. Beide Ölsorten in den Wok geben. Ingwer, Frühlingszwiebeln und Zitronenblätter mit der Hälfte der Sesamsamen unter Rühren ca. 1 Min. braten.

4. Reisnudeln abtropfen lassen, untermischen und unter Rühren heiß werden lassen. Das Gericht mit Salz abschmecken und mit dem übrigen Sesam bestreut servieren.

TIPS!

Aus dem Vorrat
Zwiebel statt Frühlingszwiebeln, statt frischem Ingwer Ingwerpulver und die Schale von $^1/_2$ unbehandelten Zitrone in feinen Streifen statt Zitronenblättern verwenden.

Bami Goreng

Zutaten für 4 Personen:
Frisch einkaufen:
400 g Rinderfilet
400 g Gemüse (z.B. Champignons, Staudensellerie und Möhren)
Aus dem Vorrat:
200 g breite Reisnudeln
2 mittelgroße Zwiebeln
2 Knoblauchzehen
3 EL Öl
75–100 ml Sojasauce
etwas Sambal oelek
Geschwindigkeitsindikator: ⚡⚡⚡
Arbeitszeit: ca. 30 Min.
Würzig und zart
Pro Portion ca.: 1590 kJ/ · 380 kcal
32 g E · 11 g F · 43 g KH

1. Reisnudeln mit kochendem Wasser überbrühen, 15 Min. quellen lassen.

2. Rinderfilet zuerst in Scheiben, dann in feine Streifen schneiden. Zwiebeln und Knoblauch schälen und fein würfeln. Pilze und Gemüse putzen oder waschen und in feine Streifen schneiden.

3. Wok erhitzen, Öl hineingeben. Zwiebeln und Knoblauch darin unter Rühren ca. 1 Min. braten. Pilze und Gemüse unter Rühren ca. 4 Min. mitbraten.

4. Gemüse an den Rand schieben, Fleisch portionsweise im Wok kräftig anbraten. Sojasauce mit etwas Sambal oelek verrühren, abschmecken und dazugeben. Nudeln untermischen und alles noch 1–2 Min. unter Rühren braten, bis die Nudeln sehr heiß sind.

TIPS!

Aus dem Vorrat
TK-Fleischfilet oder gekochten Schinken verwenden und TK-Gemüse bzw. beliebiges Gemüse aus Gemüsekorb oder Dose, z.B. Mais nehmen.

Der besondere Kick für Gäste
Frische Shiitakepilze statt Champignons nehmen.

Reisnudeln mit Pilzen

Zutaten für 4 Personen:
Frisch einkaufen:
500 g Pilze (Austernpilze, Champignons und/oder Shiitake)
100 g Spinat
1 walnußgroßes Stück frischer Ingwer
Aus dem Vorrat:
300 g dünne Reisnudeln
1 EL Sesamöl
2 dünne Stangen Lauch
1 Zwiebel
3 EL Sojasauce
1 EL trockener Sherry
1 Spritzer Tabascosauce
1 TL Speisestärke
3 EL Öl
Salz, weißer Pfeffer
Geschwindigkeitsindikator: ϟ
Arbeitszeit: ca. 45 Min.
Vegetarisches für Nudelfans
Pro Portion ca.: 1590 kJ/ · 380 kcal
16 g E · 9 g F · 62 g KH

1. Reisnudeln mit kochendem Wasser überbrühen und ca. 5 Min. ziehen lassen. Dann gut abtropfen lassen und mit dem Sesamöl mischen.

2. Pilze von den Stielenden befreien, zähe Stiele ganz entfernen. Pilze mit Küchenpapier sauber abreiben und in Streifen oder Scheiben schneiden. Lauch putzen, waschen und in ca. 5 cm lange Stücke schneiden. Dann in Streifen teilen. Spinat verlesen, entstielen und gut waschen. Ingwer und Zwiebel schälen und hacken. Sojasauce mit Sherry, Tabasco und Speisestärke verrühren.

3. Wok erhitzen, 1 EL Öl hineingeben. Lauch und Spinat darin unter Rühren 1–2 Min. braten, bis der Spinat zusammenfällt, beiseite stellen.

4. Übrige 2 EL Öl in den Wok geben. Zwiebel, Ingwer und Pilze darin unter Rühren 2–3 Min. braten. Sauce angießen und einmal aufkochen lassen.

5. Lauch-Spinat-Mischung und Reisnudeln hinzufügen, salzen, pfeffern, heiß werden lassen.

TIPS!

Aus dem Vorrat
Getrocknete oder TK-Pilze und Ingwerpulver nehmen, Spinat weglassen. Statt Reisnudeln Glasnudeln nehmen.

Scharfe Reisnudeln

Zutaten für 4 Personen:
Frisch einkaufen:
3 Frühlingszwiebeln
2–3 frische rote Chilischoten
200 g Hähnchenbrustfilet
200 g Tofu
200 g ausgelöste Nordseekrabben
1/2 Bund Petersilie oder Basilikum
Aus dem Vorrat:
400 g breite Reisnudeln
4 Knoblauchzehen
4 EL Öl
4 EL Zitronensaft
1–2 TL Sambal oelek
4–5 EL Sojasauce
Geschwindigkeitsindikator: ϟϟϟ
Arbeitszeit: ca. 30 Min.
Würzig und aromatisch
Pro Portion ca.: 2425 kJ/ · 580 kcal
41 g E · 13 g F · 81 g KH

1. Reisnudeln mit kochendem Wasser überbrühen, 15 Min. quellen lassen. Dann abtropfen lassen, etwas kleiner schneiden.

2. Inzwischen Frühlingszwiebeln waschen, putzen und in dünne Ringe schneiden. Knoblauch schälen und in Scheiben schneiden. Chilischoten waschen, entkernen und kleinschneiden. Hähnchenfleisch in feine Streifen schneiden. Tofu würfeln.

3. Wok erhitzen, das Öl hineingeben. Frühlingszwiebeln, Knoblauch und Chillies darin unter Rühren ca. 1 Min. braten, zur Seite schieben. Fleisch und Krabben in den Wok geben und unter Rühren 3–4 Min. braten. Tofu kurz mitbraten, alles mit der Knoblauchmischung verrühren.

4. Alles mit Zitronensaft, Sambal oelek und Sojasauce würzen. Nudeln untermischen und noch ca. 2 Min. braten. Petersilie waschen, kleinschneiden und über die Nudeln streuen.

TIPS!

Der besondere Kick für Gäste
Koriandergrün statt Petersilie und zusätzlich 4 EL Fischsauce nehmen, dann weniger Sojasauce verwenden.

Gebratene Nudeln mit Rindfleisch

Zutaten für 4 Personen:

Frisch einkaufen:
500 g Rinderfilet
8 feste Cocktailtomaten

Aus dem Vorrat:
1 TL Chinagewürz, 6 EL Öl
150 g chinesische krause Nudeln oder andere Asien-Nudeln
Salz, 1 Zwiebel
200 g Bambussprossen (Dose)
2 TL Currypulver
1 Dose ungesüßte Kokosmilch (400 g)
1 kleine Dose Ananas (ca. 200 g)
1/2 TL abgeriebene unbehandelte Zitronenschale

Geschwindigkeitsindikator:
Arbeitszeit: ca. 35 Min.
Feines für Freunde
Pro Portion ca.: 1925 kJ/ · 460 kcal
34 g E · 18 g F · 43 g KH

1. Rinderfilet in feine Scheiben schneiden. Mit dem China-Gewürz bestreuen, 1 EL Öl dazugeben und alles gut mischen.

2. Nudeln in kochendem Salzwasser ca. 5 Min. garen. Auseinanderlösen, abgießen und gut abtropfen lassen. Zwiebel schälen und würfeln. Bambussprossen in Streifen schneiden.

3. Wok erhitzen, 3 EL Öl hineingeben. Fleischscheiben darin portionsweise kräftig anbraten, leicht salzen und wieder herausheben. Zwiebel und Bambussprossen im verbliebenen Fett unter Rühren ca. 1 Min. braten. Curry einrühren und mit der Kokosmilch und dem Ananassaft ablöschen, etwas einköcheln lassen. Ananas würfeln.

4. Restliche 2 EL Öl in einer Pfanne erhitzen. Nudeln darin rundherum knusprig braten. Fleisch mit den Ananasstücken unter die Kokossauce mischen.

5. Tomaten waschen und halbieren. Nudeln und Fleisch mischen, mit Tomaten und Zitronenschale garnieren.

Chinesische Schinkennudeln mit Spargel

Zutaten für 4 Personen:

Frisch einkaufen:
500 g grüner Spargel
300 g gekochter Schinken
4 Frühlingszwiebeln
1 walnußgroßes Stück frischer Ingwer

Aus dem Vorrat:
10–15 getrocknete Mu-Err-Pilze
300 g dünne chinesische Weizennudeln
Salz, 2 TL Sesamöl
1 Zwiebel
1 Knoblauchzehe
1/8 l Hühnerbrühe
2 EL Sojasauce
1 TL Zucker
1 TL Speisestärke, 4 EL Öl
2 EL Sesamsamen

Geschwindigkeitsindikator:
Arbeitszeit: ca. 35 Min.
Altbewährtes auf neue Art
Pro Portion ca.: 2760 kJ/ · 660 kcal
36 g E · 28 g F · 68 g KH

1. Mu-Err-Pilze ca. 20 Min. in heißem Wasser quellen lassen, dann zähe Stiele abschneiden. Pilze grob zerschneiden.

2. Nudeln in kochendem Salzwasser einmal aufkochen und ca. 2 Min. bei schwacher Hitze ziehen lassen. Gut abtropfen lassen und mit dem Sesamöl mischen.

3. Spargel waschen, von den holzigen Enden befreien, schräg in ca. 4 cm lange Stücke schneiden. In Salzwasser in 8–10 Min. bißfest garen, abschrecken.

4. Schinken ca. 1 cm groß würfeln. Frühlingszwiebeln waschen und in Ringe schneiden. Zwiebel, Knoblauch und Ingwer schälen und würfeln. Brühe mit Sojasauce, Zucker und Stärke zur Sauce verrühren.

5. Wok erhitzen, Öl hineingeben. Sesam darin ca. 1 Min. braten, herausheben. Zwiebel, Knoblauch und Ingwer ca. 1/2 Min. unter Rühren braten. Spargel mit Frühlingszwiebeln ca. 2 Min. mitbraten. Nudeln, Schinken und Pilze ca. 1 Min. braten. Sauce untermischen, weitere 2–3 Min. unter Rühren garen. Mit Sesam bestreuen.

TIPS!

Aus dem Vorrat
TK-Spargel oder Spargel aus dem Glas nehmen, Frühlingszwiebeln durch Zwiebeln und frischen Ingwer durch Ingwerpulver ersetzen.

Zutaten für 4 Personen:

Frisch einkaufen:
1 rote Paprikaschote
300 g Zucchini oder Gemüsegurken
1 Bund Basilikum

Aus dem Vorrat:
350 g schmale Bandnudeln
Salz
1 Zwiebel
300 g Bambussprossen (Dose)
3 EL Öl
je 1/4 TL Kreuzkümmel- und Ingwerpulver
3 EL süß-saure Chilisauce

Geschwindigkeitsindikator: ϟϟϟ
Arbeitszeit: ca. 30 Min.
Vegetarisch
Pro Portion ca.: 1630 kJ/ · 390 kcal
14 g E · 9 g F · 65 g KH

Gemüsenudeln

1. Nudeln in kochendem Salzwasser bißfest kochen, kalt abschrecken und abtropfen lassen. Zwiebel schälen und klein würfeln. Paprikaschote waschen, halbieren, putzen und in feine Streifen schneiden. Zucchini waschen, längs in Scheiben, dann quer in Streifen schneiden. Bambussprossen ebenfalls in schmale Streifen schneiden.

2. Wok erhitzen, Öl hineingeben. Zwiebel darin unter Rühren ca. 1 Min. braten. Gemüse hinzufügen und 2–3 Min. mitbraten. Kreuzkümmel, Ingwer und Chilisauce dazugeben. Nudeln untermischen und heiß werden lassen. Mit Salz abschmecken.

3. Basilikum waschen, größere Blättchen in Streifen schneiden, kleine ganz lassen. Die Gemüsenudeln damit bestreuen.

TIPS!

Aus dem Vorrat
Eventuell TK-Gemüse nehmen, auch andere Sorten, zum Beispiel Broccoli oder Möhren, Basilikum weglassen oder andere TK-Kräuter verwenden.

Zutaten für 4–6 Personen:

Frisch einkaufen:
1/2 Kopf Weißkohl (etwa 750 g)
200 g fester Schafkäse
250 g kleine feste Tomaten
2 Bund Petersilie oder Basilikum

Aus dem Vorrat:
3 Knoblauchzehen
300 g Farfalle (Schmetterlingsnudeln) oder andere Nudeln, Salz
50 g Butterschmalz (oder 2 EL Öl mit 1 EL Butter zerlassen)
1 EL Paprika, edelsüß
1 TL Paprika, rosenscharf
1 TL Kreuzkümmelpulver
200 ml Gemüsefond oder -brühe
Pfeffer

Geschwindigkeitsindikator: ϟ
Arbeitszeit: ca. 45 Min.
Vegetarisches für Mittelmeerfans
Bei 6 Personen pro Portion ca.: 1610 kJ/ · 385 kcal
15 g E · 17 g F · 43 g KH

Krautnudeln mit Schafkäse

1. Weißkohl waschen, putzen und halbieren. Strunk keilförmig herausschneiden, Kohl in feine Streifen schneiden. Knoblauch schälen und würfeln.

2. Nudeln in kochendem Salzwasser nach Packungsaufschrift bißfest kochen, kalt abschrecken und abtropfen lassen.

3. Inzwischen Wok erhitzen, Butterschmalz oder Öl-Butter-Mischung hineingeben. Knoblauch darin ca. 1/2 Min. anrösten. Kohlstreifen unter ständigem Rühren ca. 5 Min. mitbraten. Mit beiden Paprikasorten und Kreuzkümmel bestäuben und ca. 1 Min. anschwitzen. Salzen und den Fond oder die Brühe angießen. Aufkochen und zugedeckt bei mittlerer Hitze 6–8 Min. dünsten.

4. Schafkäse zerbröckeln. Tomaten waschen und achteln. 1 Bund Petersilie waschen, fein hacken. Schafkäse bis auf 2 EL, Tomaten, Petersilie und Nudeln unter den Kohl mischen. Salzen, pfeffern und ca. 5 Min. zugedeckt ziehen lassen.

5. Übrige Petersilie waschen, Blättchen abzupfen. Mit dem restlichen Käse über die Nudeln streuen.

Muschel-Spaghetti mit Fenchel

Zutaten für 4 Personen:
Frisch einkaufen:
1,5 kg frische Miesmuscheln, TK-Muscheln oder Muscheln aus dem Glas
500 g Fenchel
3 Frühlingszwiebeln
1/2 Bund Petersilie, Basilikum oder Rucola
Aus dem Vorrat:
250 g Möhren
1 Zwiebel
5 Knoblauchzehen
300 g Spaghetti
Salz
4 EL Öl
Pfeffer
1/4 l Fischfond
50 g Butter
1 Prise Cayennepfeffer
Geschwindigkeitsindikator: ϟ
Arbeitszeit: ca. 45 Min.
Feines für Gäste
Pro Portion ca.: 2740 kJ/ · 655 kcal
27 g E · 27 g F · 79 g KH

Frische Muscheln mit feinen Spaghetti schmecken einfach supergut – am besten bestellen Sie die bereits geputzten Meeresfrüchte bei Ihrem Fischhändler!

1. Falls sie noch nicht sauber sind, die Muscheln unter kaltem Wasser gründlich waschen und eventuell putzen **(Step)**. Geöffnete Muscheln wegwerfen. Sie sind verdorben.

2. Fenchel waschen, putzen und halbieren. Vom Strunk befreien und in feine Streifen schneiden. Möhren schälen und schräg in dünne Scheiben schneiden. Frühlingszwiebeln putzen, gründlich waschen und mit dem zarten Grün in feine Ringe schneiden. Zwiebel und Knoblauch schälen und in feine Scheiben schneiden.

3. Spaghetti in reichlich Salzwasser nach Packungsangabe knapp bißfest kochen, dann kalt abschrecken und abtropfen lassen.

4. Inzwischen Wok erhitzen, Öl hineingeben. Frühlingszwiebeln, Zwiebel und Knoblauch darin unter Rühren ca. 1 Min. braten. Fenchelstreifen ca. 3 Min. mitbraten, Möhren dazugeben und noch ca. 2 Min. braten. Salzen, pfeffern, den Fischfond angießen und aufkochen lassen.

5. Die Muscheln untermischen und zugedeckt bei schwacher Hitze ca. 10 Min. garen, bis sie sich geöffnet haben. Nicht geöffnete Muscheln herausfischen und wegwerfen. Auch sie sind verdorben.

6. Nudeln unter die Muscheln mischen. Butter in kleinen Flöckchen unterheben. Alles mit Salz, Pfeffer und Cayennepfeffer abschmecken und zugedeckt noch ca. 5 Min. bei schwacher Hitze ziehen lassen.

7. Kräuter waschen, die Blättchen abzupfen und vor dem Servieren über die Muschel-Spaghetti streuen.

TIPS!

Aus dem Vorrat
Frühlingszwiebeln durch Zwiebeln ersetzen. Statt Fenchel gemischtes TK-Gemüse nehmen.

Der besondere Kick für Gäste
Statt der Zwiebel 3 Schalotten verwenden. Die Hälfte vom Fischfond durch trockenen Weißwein ersetzen, zusätzlich mit 1 TL gemahlenen Fenchelsamen würzen.

Weißkohlnudeln mit Hühnerfilet

Zutaten für 4 Personen:
Frisch einkaufen:
300 g Hühnerbrustfilet
750 g zarter Weißkohl
1 rote Paprikaschote
4–5 Frühlingszwiebeln
1 walnußgroßes Stück frischer Ingwer
Aus dem Vorrat:
2 EL Sherry
3–4 EL Sojasauce
1/2 TL Chinagewürz
200 g chinesische Instant-Eiernudeln
Salz
1 Zwiebel
2 Knoblauchzehen
1/8 l Gemüsefond oder -brühe
1 gestrichener TL Speisestärke
1 TL Zucker
4 EL Öl
Pfeffer
Geschwindigkeitsindikator: ⚡⚡
Arbeitszeit: ca. 35 Min.
Preiswert und schnell
Pro Portion ca.: 1860 kJ/ · 445 kcal
28 g E · 16 g F · 49 g KH

1. Sherry mit Sojasauce und Chinagewürz verrühren. Hühnerfleisch in ca. 1/2 cm dicke Scheiben schneiden. In der Sherrymischung ca. 15 Min. marinieren.

2. Nudeln in kochendes Salzwasser geben, vom Herd nehmen und ca. 4 Min. ziehen lassen. Mit einer Gabel lockern, abtropfen lassen.

3. Kohlblätter auseinanderlösen und in ca. 1 cm breite Streifen schneiden. Paprika waschen, vierteln und in feine Streifen schneiden. Frühlingszwiebeln putzen und waschen, die hellen und die grünen Teile getrennt in feine Ringe schneiden. Ingwer, Zwiebel und Knoblauch schälen und sehr fein hacken.

4. Fleisch abtropfen lassen. Marinade dabei auffangen und mit Gemüsefond, Stärke und Zucker verrühren.

5. Wok heiß werden lassen, 2 EL Öl hineingeben. Fleisch darin portionsweise in 2–3 Min. unter Rühren anbraten, herausnehmen. Ingwer, Zwiebel, Knoblauch und das Helle der Frühlingszwiebeln in den übrigen 2 EL Öl ca. 1/2 Min. anbraten. Kohl und Paprika ca. 3 Min. mitbraten. Würzsauce angießen und aufkochen lassen.

6. Nudeln und Fleisch untermischen und unter Wenden 2–3 Min. garen, bis sie sehr heiß sind. Mit Salz und Pfeffer abschmecken. Mit dem Frühlingszwiebelgrün bestreut servieren.

Gefüllte Tomaten

Zutaten für 4 Personen:
Frisch einkaufen:
8 Fleischtomaten (je etwa 300 g)
300 g Spinat
100 g frisch geriebener Parmesan
Aus dem Vorrat:
200 g Spaghettini
Salz, Pfeffer, 1 Zwiebel
2 Knoblauchzehen
4 EL Olivenöl
3 EL Pinienkerne
60 g Rosinen
Cayennepfeffer
1 Prise Zimt, 1 EL Butter
Geschwindigkeitsindikator: ⚡⚡
Arbeitszeit: ca. 35 Min.
Dämpfzeit: ca. 20 Min.
Raffiniert und vegetarisch
Pro Portion ca.: 2340 kJ/ · 560 kcal
25 g E · 21 g F · 68 g KH

1. Nudeln in Stücke brechen, in Salzwasser bißfest kochen, abtropfen lassen.

2. Tomaten waschen und jeweils einen Deckel abschneiden. Tomaten aushöhlen, salzen, pfeffern. Spinat waschen. Zwiebel und Knoblauch fein hacken.

3. Wok erhitzen, 1 EL Öl hineingeben. Pinienkerne darin in ca. 1 Min. goldbraun rösten, wieder herausnehmen. Zwiebel und Knoblauch in 3 EL Öl unter Rühren ca. 1 Min. braten. Spinat 1–2 Min. mitbraten, Flüssigkeit verdampfen lassen.

4. Pinienkerne bis auf 1 EL, Nudeln, Rosinen und die Hälfte vom Parmesan unter den Spinat mischen, mit Salz, Pfeffer, Cayennepfeffer und Zimt würzen.

5. Spinatmasse in die Tomaten füllen, mit dem übrigen Parmesan, den restlichen Pinienkernen und der Butter in Flöckchen belegen. Deckel auflegen, auf einen großen Teller setzen.

6. Im Wok 3/8 l Wasser zum Kochen bringen. Teller auf einem Dämpfeinsatz hineinstellen, Tomaten zugedeckt bei mittlerer Hitze ca. 20 Min. dämpfen.

Zutaten für 4 Personen:

Frisch einkaufen:

1 Entenbrustfilet (etwa 300 g), ersatzweise Hühner- oder Putenfilet
1 rote Paprikaschote
1 walnußgroßes Stück frischer Ingwer
200–300 g geschälte gegarte Riesengarnelen
1 Bund Petersilie

Aus dem Vorrat:

250 g Langkornreis, Salz
5 getrocknete Tongku-Pilze (oder Mu-Err-Pilze)
1 Zwiebel
2 Knoblauchzehen, 5 EL Öl
400 g kleine Maiskölbchen (Dose)
4 EL Brühe
1 EL Curry oder $^{1}/_{2}$ EL Currypaste
4 EL Sojasauce, 3 Eier

Geschwindigkeitsindikator:

Arbeitszeit: ca. 45 Min.

Gut vorzubereiten

Pro Portion ca.: 3160 kJ/ · 755 kcal
44 g E · 32 g F · 73 g KH

Gebratener Gewürzreis

1. Reis in Salzwasser garen, gut ausdämpfen und abkühlen lassen. Pilze in heißem Wasser ca. 20 Min. quellen lassen. Entenbrust häuten, Haut und Fleisch getrennt in Streifen schneiden. Paprikaschote würfeln. Zwiebel, Knoblauch und Ingwer würfeln. Pilze ohne Stiele in feine Streifen schneiden.

2. Wok erhitzen, 1 EL Öl hineingeben. Entenhaut darin unter Rühren knusprig braten, warm stellen. Fleisch im Wok kräftig anbraten, salzen und ebenfalls herausheben.

3. Weitere 3 EL Öl im Wok heiß werden lassen, leicht salzen. Pilze darin ca. 3 Min. braten. Paprika kurz mitbraten. Zwiebel, Knoblauch, Ingwer, Entenfleisch, abgetropften Mais und Garnelen 2–3 Min. unter Rühren mitbraten. Reis untermischen und gut durchbraten. Brühe mit Curry und Sojasauce verrühren und dazugeben.

4. Eier mit 1 EL Wasser und Salz verquirlen. Restlichen EL Öl in einer Pfanne erhitzen. Eiermasse hineingeben und stocken lassen. Auf einen Teller gleiten lassen, aufrollen und in Streifen schneiden. Petersilie waschen, die Blättchen hacken. Mit der Entenhaut und den Eierstreifen über dem Reis verteilen.

Zutaten für 4 Personen:

Frisch einkaufen:

2 walnußgroße Stücke frischer Ingwer
400 g Hühnerbrustfilet
3 Frühlingszwiebeln
1 frische rote Chilischote
$^{1}/_{2}$ Bund Basilikum

Aus dem Vorrat:

250 g Langkornreis
$^{1}/_{2}$ l Hühnerbrühe
2 EL Sojasauce
1 EL Sesamöl
Salz
1 gestrichener TL Speisestärke
1 langes Stück unbehandelte Zitronenschale
7 EL Öl

Geschwindigkeitsindikator:

Arbeitszeit: ca. 45 Min.

Asiatisch – herzhaft

Pro Portion ca.: 3220 kJ/ · 770 kcal
40 g E · 35 g F · 76 g KH

Gebratener Reis mit Huhn und Basilikum

1. Reis nach Packungsangabe in der Brühe garen und gut ausdämpfen lassen.

2. Inzwischen Ingwer schälen und fein reiben. Hähnchenfleisch in Streifen schneiden. Mit Ingwer, Sojasauce, Sesamöl, etwas Salz und Speisestärke verrühren. Frühlingszwiebeln und Chilischote waschen und putzen. Chillie entkernen, mit den Frühlingszwiebeln in Streifen schneiden. Zitronenschale fein hacken.

3. Wok erhitzen, 2 EL Öl hineingeben, Frühlingszwiebeln, Chillie und Zitronenschale darin unter Rühren kurz anbraten. Fleisch unter ständigem Rühren ca. 2 Min. mitbraten. Fleisch herausheben, die restlichen 5 EL Öl im Wok erhitzen. Reis darin unter Wenden ca. 5 Min. braten. Hähnchenfleisch untermischen und heiß werden lassen. Basilikum waschen, kleinschneiden, unter den Reis mischen.

TIPS!

Aus dem Vorrat
Funktioniert besonders gut mit Reis vom Vortag. Statt Hühnerbrust TK-Putenfilet oder anderes Fleisch nehmen, statt Frühlingszwiebeln Zwiebeln, TK-Basilikum verwenden.

Der besondere Kick für Gäste
Thai-Basilikum statt normalem, Galgantwurzel statt Ingwer und Zitronengras statt Zitronenschale nehmen.

Zutaten für 4 Personen:

Frisch einkaufen:
2–3 frische rote Chilischoten
250 g Hühnerbrustfilet
200 g rohe geschälte Garnelen

Aus dem Vorrat:
200 g Basmati-Reis
2 Stangen Lauch
2 Knoblauchzehen
2 Eier
5–6 EL Sojasauce
weißer Pfeffer
4–5 EL Öl

Geschwindigkeitsindikator:
Arbeitszeit: ca. 45 Min.
Tolle Liaison
Pro Portion ca.: 1925 kJ/ · 460 kcal
35 g E · 16 g F · 43 g KH

Nasi goreng

1. Reis in gut 400 ml Wasser einmal aufkochen, dann bei schwacher Hitze in knapp 15 Min. zugedeckt ausquellen lassen. Im Kühlschrank oder TK-Gerät gut abkühlen lassen.

2. Lauch putzen, längs aufschlitzen und waschen, dann quer in Streifen schneiden. Knoblauch schälen und würfeln. Chilischoten waschen, entkernen und in Streifen schneiden.

3. Hähnchenfleisch in feine Streifen schneiden. Garnelen abbrausen und trockentupfen. Eier mit 2 EL Sojasauce und etwas Pfeffer verquirlen.

4. Wok erhitzen, 1 EL Öl hineingeben und gut im unteren Teil verteilen. Aus der Eiermasse nacheinander 3 dünne Eierkuchen backen, herausnehmen. In Streifen schneiden.

5. Restliche 3–4 EL Öl im Wok heiß werden lassen. Lauch, Knoblauch und Chillies darin ca. 1 Min. braten, an den Rand schieben. Fleisch scharf anbraten, Garnelen ca. 1 Min. mitbraten.

6. Reis untermischen und unter häufigem Wenden goldgelb braten. Mit der übrigen Sojasauce und Pfeffer abschmecken, Eierstreifen untermischen.

Zutaten für 4 Personen:

Frisch einkaufen:
1 haselnußgroßes Stück frischer Ingwer
400 g rohe Garnelen in der Schale
500 g Broccoli

Aus dem Vorrat:
1 Zwiebel
2 Knoblauchzehen
4 EL Öl
4 Gewürznelken
10 schwarze Pfefferkörner
1 kleine Zimtstange
2 getrocknete Chilischoten
350 g Basmati-Reis
2 1/2 TL Currypulver
3/4 l milde Gemüsebrühe
2 EL Butterschmalz
Salz

Geschwindigkeitsindikator:
Arbeitszeit: ca. 25 Min.
Feines für besondere Anlässe
Pro Portion ca.: 2280 kJ/ · 545 kcal
16 g E · 20 g F · 73 g KH

Reis mit Broccoli und Garnelen

1. Zwiebel und Ingwer schälen und fein würfeln. Knoblauch nur schälen. Zwiebel, zerdrückten Knoblauch und Ingwer in 2 EL Öl in einem Topf ca. 1 Min. braten. Gewürznelken, Pfeffer, Zimt und Chillies ca. 1 Min. mitbraten. Reis und Curry dazugeben und ca. 2 Min. unter Rühren braten. Mit der Brühe ablöschen, salzen. Reis zugedeckt bei schwacher Hitze ca. 15 Min. garen.

2. Inzwischen Garnelen aus den Schalen lösen. Vom Broccoli die Röschen abschneiden, Stiele schälen und fein würfeln.

3. Wok erhitzen, Schmalz und 2 EL Öl darin erhitzen. Garnelen darin portionsweise ca. 1 Min. braten, bis sie rosa sind, wieder herausnehmen. Broccolistiele ca. 2 Min. unter Rühren braten, Röschen ca. 3 Min. mitbraten. Gemüse herausnehmen.

4. Garnelen und Broccoli mit dem Reis im Wok mischen und alles noch ca. 3 Min. garen. Reis mit einer Gabel auflockern.

TIPS!

Aus dem Vorrat
Gegarte TK-Garnelen oder welche aus dem Glas (ca. 1–2 Min. vor Ende der Garzeit untermischen) und TK-Broccoli nehmen.

Der besondere Kick für Gäste
Mit den Gewürzen noch 4 zerdrückte Kardamomkapseln anbraten.

Zutaten für 4 Personen:
Frisch einkaufen:
3 Frühlingszwiebeln
200 g gemischtes Hackfleisch
Aus dem Vorrat:
4 getrocknete Pilze (Tongku oder Mu-Err)
1 Zwiebel, 2 EL Öl
175 g Langkornreis
475 ml Gemüsebrühe
Salz, schwarzer Pfeffer
1 Ei, 1 Eigelb
4 EL Sojasauce
2 EL Zitronensaft
50 g Semmelbrösel
1 Packung passierte Tomaten (400 g), 1/2 TL Sambal oelek
1 gestrichener TL Speisestärke
750 ml Öl zum Fritieren
Geschwindigkeitsindikator:
Arbeitszeit: ca. 45 Min.
Gut vorzubereiten
Pro Portion ca.: 2280 kJ/ · 545 kcal
33 g E · 24 g F · 50 g KH

Fritierte Reisbällchen mit Tomatensauce

1. Pilze in heißem Wasser ca. 15 Min. einweichen. Zwiebel fein würfeln und im Öl glasig dünsten. Reis 2–3 Min. mitbraten. Mit 350 ml Brühe aufgießen, salzen und pfeffern, zugedeckt bei schwacher Hitze in ca. 20 Min. ausquellen lassen.

2. Frühlingszwiebeln waschen, putzen und klein würfeln. Pilze entstielen und fein hacken. Beides mit Hackfleisch, Ei und Eigelb unter den Reis mischen. Mit 2 EL Sojasauce und Zitronensaft gründlich verkneten, salzen. Zu walnußgroßen Kugeln formen und in den Semmelbröseln wälzen.

3. Tomaten mit 125 ml Brühe, 2 EL Sojasauce, etwas Sambal oelek und Speisestärke einmal aufkochen, ca. 5 Min. köcheln lassen. Salzen, pfeffern.

4. Im Wok das Öl zum Fritieren erhitzen. Reisbällchen darin portionsweise in 4–5 Min. knusprig braun fritieren. Herausheben, auf Küchenpapier im Ofen bei 75° warm halten. Mit der Tomatensauce servieren.

TIPS!

Aus dem Vorrat
Zwiebeln statt Frühlingszwiebeln, Thunfisch statt Hackfleisch.

Zutaten für 4 Personen:
Frisch einkaufen:
150 g Joghurt
1 Kästchen Kresse
400 g Hähnchenbrustfilet
1–2 frische rote Chilischoten
Aus dem Vorrat:
600 ml Gemüsebrühe
300 g Langkornreis
Salz, schwarzer Pfeffer
500 g Möhren
1 Zwiebel
1 Knoblauchzehe, 2 EL ÖL
60 g gehackte Cashewkerne, Cashewkernbruch oder Erdnüsse
2 EL Butter
1 EL Curry oder 1/2 EL Currypaste
1–2 EL Zitronensaft
Geschwindigkeitsindikator:
Arbeitszeit: ca. 30 Min.
Ein bißchen indisch
Pro Portion ca.: 2595 kJ/ · 620 kcal
34 g E · 20 g F · 72 g KH

Möhren-Curry-Reis mit Kressejoghurt

1. Gemüsebrühe in einem Topf erhitzen. Reis darin zugedeckt bei schwacher Hitze ca. 15 Min. ausquellen lassen. Auflockern und im Eisschrank oder TK-Gerät abkühlen lassen.

2. Joghurt salzen, pfeffern. Kresse waschen, die Hälfte abschneiden und unterrühren.

3. Inzwischen Hühnerfleisch in feine Streifen schneiden. Möhren in dünne Scheiben schneiden. Zwiebel und Knoblauch schälen, Chilischoten waschen und entkernen, mit Zwiebel und Knoblauch fein würfeln.

4. Wok erhitzen, Öl hineingeben. Hühnerfleisch und Cashewkerne portionsweise 2–3 Min. braten, herausnehmen, salzen und pfeffern.

5. Butter im Wok erhitzen. Zwiebel, Knoblauch und Chilies darin ca. 1 Min. braten. Möhren bei mittlerer Hitze ca. 5 Min. mitbraten. Curry ca. 1 Min. mitbraten. Reis ca. 5 Min. mitbraten. Fleisch und Nüsse untermischen, noch ca. 1 Min. braten. Mit Zitronensaft, Salz und Pfeffer würzen. Mit der übrigen Kresse garnieren. Kressejoghurt dazu servieren.

Paella-Wok

Zutaten für 6 Personen:
Frisch einkaufen:
3 Hähnchenschenkel (etwa 600 g)
200 g Schweinefilet oder Hühnerbrustfilet
200 g Fischfilet (möglichst frisch, z.B. Thunfisch oder Seeteufel)
12 rohe Riesengarnelen in der Schale (etwa 250 g)
1 grüne Paprikaschote
1 große Fleischtomate
1 weiße Zwiebel
1/2 Bund Petersilie
Aus dem Vorrat:
Salz, Pfeffer
3 Knoblauchzehen
6 EL Olivenöl
400 g Rundkornreis (z.B. Risottoreis)
1 TL Paprika, edelsüß
600 ml Geflügelfond (aus dem Glas)
2 Döschen gemahlener Safran (0,2 g)
200 ml trockener Weißwein oder Brühe
200 g TK-Erbsen
1 Msp. Cayennepfeffer
1 unbehandelte Zitrone
Geschwindigkeitsindikator: ϟ
Arbeitszeit: ca. 1 Std.
Super für Gäste
Pro Portion ca.: 2845 kJ/ · 680 kcal
53 g E · 23 g F · 63 g KH

TIPS!

Aus dem Vorrat
Statt Schweinefilet beliebiges TK-Fleisch, TK-Riesengarnelen und Gemüse nehmen, das Sie gerade zu Hause haben. Mit getrocknetem Oregano oder TK-Kräutern würzen.

Der besondere Kick für Gäste
250 g Miesmuscheln mit den Garnelen auf den Reis legen und schmoren. Je 1/2 grüne und rote Paprikaschote verwenden. Einen Teil des Geflügelfonds durch Fischfond ersetzen.

1. Hähnchenschenkel in Ober- und Unterkeulen teilen **(Step 1)**. Mit Salz und Pfeffer einreiben. Fleisch in dünne Scheiben schneiden. Fisch in 2 cm große Würfel teilen. Die Hälfte der Garnelen aus den Schalen lösen **(Step 2)**, alle Garnelen abspülen.

2. Paprikaschote waschen, halbieren und in Streifen schneiden. Tomate kurz überbrühen, häuten und würfeln **(Step 3)**. Zwiebel und Knoblauch schälen und fein hacken.

3. Wok erhitzen, 3 EL Öl darin heiß werden lassen. Hähnchenstücke darin in 10 Min. rundherum goldbraun braten, herausnehmen. Fleisch 1–2 Min. unter ständigem Rühren braten, herausnehmen, salzen und pfeffern. Fisch ca. 2 Min. braten, dann alle Garnelen 1–2 Min. braten, bis sie rosa sind. Ebenfalls herausnehmen.

4. Restliche 3 EL Olivenöl im Wok heiß werden lassen. Zwiebel und Knoblauch darin anbraten. Paprika und Reis dazugeben und 2–3 Min. unter Rühren braten. Mit Paprika bestäuben. Hähnchenstücke und Tomaten dazugeben, 400 ml Fond angießen und aufkochen.

5. Den Safran im Wein auflösen und unterrühren. Die Reismischung salzen, pfeffern und zugedeckt bei mittlerer Hitze ca. 20 Min. köcheln lassen, bis der Reis die Flüssigkeit aufgesogen hat. Zwischendurch umrühren.

6. Den restlichen Fond angießen. Schweinefilet, Fisch, die geschälten Garnelen und die Erbsen unter den Reis heben. Mit Cayennepfeffer würzen. Die ungeschälten Garnelen dekorativ auf den Reis legen, zugedeckt bei schwacher Hitze in 3–5 Min. heiß werden lassen.

7. Petersilie fein hacken. Die Zitrone achteln. Paella damit garnieren.

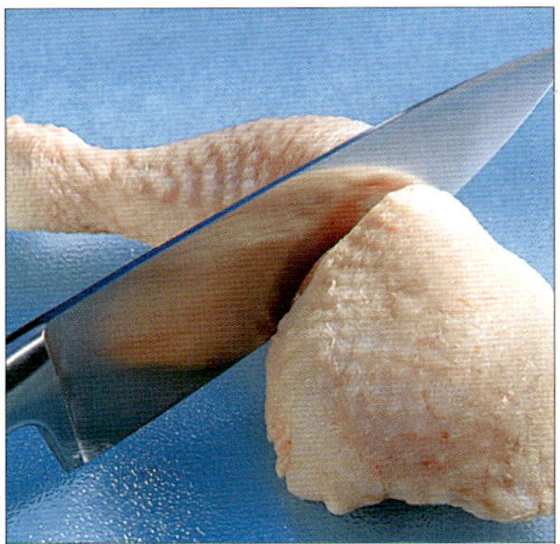
1

2

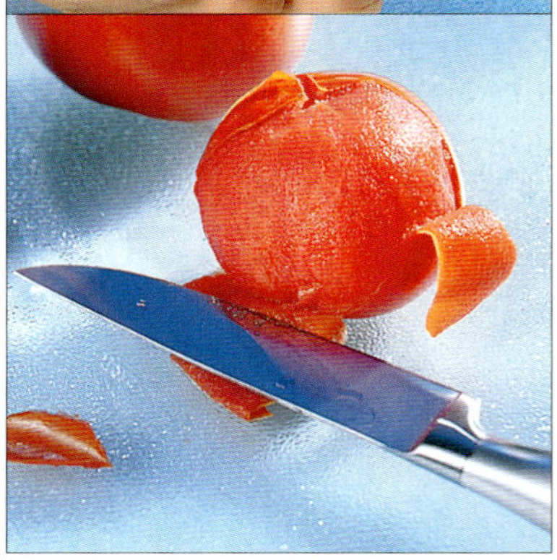
3

Zutaten für 4 Personen:
Frisch einkaufen:
150 g Bacon (Frühstücksspeck)
400 g Wirsing
100 g Pfifferlinge oder Egerlinge
200 g Egerlinge
3 Frühlingszwiebeln
4 TL frischer Rosmarin oder Petersilie
abgeriebene Schale und 1–2 EL Saft von 1/2 unbehandelten Zitrone
Aus dem Vorrat:
300 g Langkorn-Wildreis-Mischung
600 ml Gemüsebrühe
1 kleine Zwiebel
2 Knoblauchzehen
3 EL Öl, Salz, Pfeffer
2 EL Crème fraîche
Geschwindigkeitsindikator: ϟϟ
Arbeitszeit: ca. 35 Min.
Fein im Herbst
Pro Portion ca.: 2615 kJ/ · 625 kcal
22 g E · 32 g F · 63 g KH

Wildreis-Pfanne mit Wirsing und Pilzen

1. Reis mit der Gemüsebrühe aufkochen und zugedeckt bei schwacher Hitze in ca. 15 Min. ausquellen lassen. Mit einer Gabel lockern, im Eisschrank oder TK-Gerät erkalten lassen.

2. Bacon in Streifen schneiden. Wirsing waschen, putzen, vierteln, in ca. 1/2 cm breite Streifen schneiden. Pilze mit Küchenpapier abreiben, Pfifferlinge halbieren, Egerlinge in Scheiben schneiden. Frühlingszwiebeln in feine Ringe schneiden. Zwiebel fein hacken, Knoblauch schälen. Rosmarin oder Petersilie hacken.

3. Wok erhitzen, 1 EL Öl hineingeben. Bacon darin in ca. 2 Min. kroß ausbraten, mit einer Schaumkelle herausnehmen. Wirsing im Speckfett unter Rühren ca. 5 Min. braten, salzen und pfeffern, herausnehmen. 2 EL Öl erhitzen, Zwiebel, Frühlingszwiebeln und zerdrückten Knoblauch darin ca. 1 Min. braten. Pilze und Rosmarin ca. 3 Min. unter Rühren mitbraten. Wirsing und Reis dazugeben und noch ca. 5 Min. braten. Mit Salz, Pfeffer, Zitronenschale und -saft abschmecken, vom Herd nehmen. Crème fraîche unterrühren und alles zugedeckt ca. 2 Min. ziehen lassen. Mit Bacon bestreuen.

Zutaten für 4 Personen:
Frisch einkaufen:
250 g Putenbrustfilet
200 g grüner Spargel
200 g Zuckerschoten oder Paprika
200 g Zucchini
200 g Champignons
3 Frühlingszwiebeln
1 Bund Basilikum
Aus dem Vorrat:
200 g Langkornreis
Salz, Pfeffer, 1 Zwiebel
1 Knoblauchzehe, 2 Eier
4 EL Öl, 30 g Butter
abgeriebene Schale und 2 EL Saft von 1 unbehandelten Zitrone
Geschwindigkeitsindikator: ϟϟ
Arbeitszeit: ca. 40 Min.
Geballte Vitaminpower
Pro Portion ca.: 1860 kJ/ · 445 kcal
25 g E · 19 g F · 44 g KH

Frühlingsreis mit Ei

1. Reis mit 400 ml Salzwasser aufkochen, zugedeckt bei schwacher Hitze in ca. 15 Min. ausquellen lassen. Im Eisschrank oder TK-Gerät erkalten lassen.

2. Fleisch in dünne Streifen schneiden, salzen und pfeffern. Zwiebel und Knoblauch schälen und hacken. Alle Gemüse waschen und putzen. Spargelspitzen abschneiden, die Stangen schräg in feine Scheiben schneiden. Zucchini in dünne Scheiben schneiden. Pilze ebenfalls in Scheiben schneiden. Frühlingszwiebeln längs halbieren und in ca. 2 cm breite Stücke schneiden. Eier mit Salz und Pfeffer verquirlen.

3. Wok erhitzen, 2 EL Öl hineingeben. Fleisch darin 1–3 Min. unter Rühren braten, herausnehmen. Zwiebel und Knoblauch in 2 EL Öl anbraten. Spargel, Zucchini und Zuckerschoten ca. 3 Min. mitbraten. Champignons und Frühlingszwiebeln ca. 2 Min. mitbraten.

4. Eiermischung einrühren, bei mittlerer Hitze cremig-weich stocken lassen.

5. Reis dazugeben und alles bei starker Hitze nochmals 3–4 Min. braten. Fleisch untermischen. Mit Salz, Pfeffer, Zitronenschale und Zitronensaft abschmecken. Butter in Flöckchen untermischen. Basilikum grob schneiden und darüber streuen.

Rindfleischbällchen mit Tomatensauce

Zutaten für 4 Personen:

Frisch einkaufen:

100 g Frühlingszwiebeln, 400 g Rinderhackfleisch, 100 g Tortilla-Chips

Aus dem Vorrat:

1 Zwiebel, 3 Knoblauchzehen

1 EL Olivenöl, 1 Dose geschälte Tomaten (800 g), 2 EL Chilisauce

1 TL getrockneter Thymian

2 TL Zucker, Salz, 3 Eier

4 EL Zitronensaft, je 2 TL Koriander- und Kreuzkümmelpulver, ½ TL Cayennepfeffer

750 ml Öl zum Fritieren

Geschwindigkeitsindikator: ϟ

Arbeitszeit: ca. 1 Std.

Mexikanisch inspiriert

Pro Portion ca.: 2090 kJ/ · 500 kcal

31 g E · 33 g F · 22 g KH

1. Zwiebel und 1 Knoblauchzehe fein würfeln. Beides im Öl glasig dünsten. Tomaten samt Saft, Chilisauce, Thymian, Zucker und Salz zugeben. Alles offen bei schwacher Hitze ca. 30 Min. köcheln lassen.

2. Frühlingszwiebeln sehr fein würfeln. 2 Knoblauchzehen durchpressen. Beides mit Hackfleisch, 2 Eiern, 2 EL Zitronensaft, Koriander, Kreuzkümmel, Cayenne und Salz verkneten, zu walnußgroßen Bällchen formen. Tortilla-Chips fein zerbröseln und in einen Teller geben. 1 Ei verquirlen. Bällchen erst im Ei, dann in den Bröseln wälzen.

3. Das Fritieröl erhitzen (S. 114). Bällchen darin portionsweise 3–4 Min. goldbraun fritieren. Kurz abtropfen lassen.

4. Tomatensauce mit Zitronensaft und Salz abschmecken. Zu den Bällchen servieren.

Fleisch und Geflügel

Zutaten für 2 Personen:

Frisch einkaufen:

350 g Schweinefilet
1 walnußgroßes Stück frischer Ingwer
250 g frische Ananas
2 frische rote Chilischoten

Aus dem Vorrat:

2 Knoblauchzehen
2 Fleischtomaten (etwa 400 g)
200 g Salatgurke
2 EL milder Essig
2 EL Sojasauce
2 EL Tomatenketchup
1 EL brauner Zucker
1 gestrichener TL Speisestärke
150 ml Fleischbrühe
2 EL Öl

Geschwindigkeitsindikator:

Arbeitszeit: ca. 25 Min.

Klassiker aus China

Pro Portion ca.: 1630 kJ/ · 390 kcal
42 g E · 12 g F · 28 g KH

Schweinefleisch süß-sauer

1. Fleisch in feine Streifen schneiden. Ingwer und Knoblauch schälen und fein würfeln. Tomaten waschen und in ca. 1 cm große Würfel schneiden, dabei eventuell entkernen. Salatgurke schälen, längs halbieren, entkernen und klein würfeln. Ananas schälen, ca. 2 cm groß würfeln. Chilischoten waschen, entkernen und sehr klein würfeln.

2. Essig, Sojasauce, Ketchup, Zucker, Stärke und Brühe gründlich verrühren.

3. Wok erhitzen, Öl hineingeben. Fleisch, Knoblauch und Ingwer darin unter Rühren ca. 2 Min. braten, an den Rand schieben. Tomaten, Gurke und Ananas unter Rühren 1–2 Min. braten. Mit Fleisch, Chillies und Sauce mischen und ca. 5 Min. ziehen lassen.
Dazu schmeckt Reis.

TIPS!

Aus dem Vorrat
TK-Puten- oder Hühnerfilet oder Kochschinken nehmen, Tomaten und Ananas aus der Dose, getrocknete statt frischer Chilischoten verwenden.

Der besondere Kick für Gäste
Reisessig nehmen, mit 2 TL Sherry abschmecken. Die Hälfte vom Öl durch Sesamöl ersetzen.

Zutaten für 4 Personen:

Frisch einkaufen:

400 g Schweinefilet
250 g Prinzeßbohnen
250 g frische Sojasprossen
3 Frühlingszwiebeln
$^1/_2$ Bund Petersilie

Aus dem Vorrat:

Pfeffer, Salz, 200 g Möhren
150 g Bambussprossen (Dose)
1 Zwiebel, 1 Knoblauchzehe
$^1/_8$ l Hühnerbrühe
4 EL Sojasauce
1 EL milder Essig
2 TL Sesamöl, 1 TL Zucker
2 gestrichene TL Speisestärke
4 EL Öl

Geschwindigkeitsindikator:

Arbeitszeit: ca. 40 Min.

Zart und mild

Pro Portion ca.: 1445 kJ/ · 345 kcal
32 g E · 16 g F · 20 g KH

Chop Suey mit Bohnen

1. Fleisch in dünne Scheiben schneiden und kräftig pfeffern. Bohnen waschen, putzen und halbieren. In kochendem Salzwasser in ca. 5 Min. bißfest garen. Kalt abschrecken. Sojasprossen waschen. Möhren schälen und mit den Bambussprossen in streichholzfeine Stifte schneiden. Frühlingszwiebeln schräg in feine Ringe schneiden. Zwiebel und Knoblauch fein hacken.

2. Brühe mit Sojasauce, Essig, Sesamöl, Zucker und Speisestärke gut verquirlen.

3. Wok erhitzen, 2 EL Öl hineingeben. Fleisch darin portionsweise in 2–3 Min. unter Rühren braten, herausnehmen. Möhren, Zwiebel und Knoblauch im Bratfett ca. 2 Min. braten, ebenfalls herausnehmen. Bohnen, Soja- und Bambussprossen sowie Frühlingszwiebeln mit 2 EL Öl ca. 1 Min. braten. Gemüse und Fleisch wieder in den Wok geben, Sauce angießen. Alles bei mittlerer Hitze noch ca. 2 Min. unter Rühren erhitzen. Salzen und pfeffern. Petersilie hacken und darüber streuen.

TIPS!

Der besondere Kick für Gäste
Sauce zusätzlich mit 2 EL Sake oder trockenem Sherry abschmecken.

Schweinefleisch mit Currylinsen

Zutaten für 4 Personen:
Frisch einkaufen:
400 g Schweine- oder Putenfilet
1 große rote Paprikaschote
1 Bund Schnittlauch
Aus dem Vorrat:
1 Knoblauchzehe
2 EL Öl
3 kleine Stangen Lauch
1–2 EL Currypulver
gut $^1/_2$ l Fleischbrühe
200 g rote Linsen
Salz, schwarzer Pfeffer
Geschwindigkeitsindikator: ϟϟϟ
Arbeitszeit: ca. 30 Min.
Marinierzeit (wenn man will): 1–2 Std.
Würziges für Gäste
Pro Portion ca.: 1420 kJ/ · 340 kcal
36 g E · 8 g F · 31 g KH

1. Knoblauch schälen und in eine Schüssel pressen, mit dem Öl verrühren. Fleisch klein würfeln und darin wenden. Zugedeckt evtl. 1–2 Std. im Kühlschrank marinieren.

2. Lauch putzen, längs aufschlitzen und gut waschen, dann in schmale Streifen schneiden. Paprikaschote waschen, halbieren, putzen und ebenfalls in schmale Streifen schneiden.

3. Wok erhitzen. Fleisch mit der Marinade darin rundherum scharf anbraten. Lauch und Paprika kurz mitbraten.

4. Curry darüber stäuben und anrösten. Mit der Brühe ablöschen, Linsen untermischen und zugedeckt alles gut 6 Min. garen. Mit Salz und Pfeffer abschmecken. Schnittlauch waschen, in Röllchen schneiden und darüber streuen.

TIP!

Dieses schnelle Wokgericht gelingt nur mit den kleinen roten Linsen. Sie werden innerhalb weniger Minuten gar.

Spareribs mit Kokosmilch

Zutaten für 4 Personen:
Frisch einkaufen:
1 walnußgroßes Stück frischer Ingwer
1,2 kg Spareribs (vom Metzger in fingerlange Stücke hacken lassen)
500 g Zucchini
unbehandelte Zitronenschale von $^1/_4$ Zitrone, $^1/_2$ Bund Petersilie
Aus dem Vorrat:
2 Knoblauchzehen
5 Cashewkerne, Erdnüsse oder Mandeln
3 TL Korianderpulver
Salz, Pfeffer, 6 EL Öl
1 Dose ungesüßte Kokosmilch (400 g)
$^1/_8$ l Hühnerfond (aus dem Glas)
$^1/_2$ Zimtstange, 1 TL Speisestärke
1 EL Zitronensaft
Geschwindigkeitsindikator: ϟ
Arbeitszeit: ca. 55 Min.
Marinierzeit: ca. 1 Std.
Raffiniert und preiswert
Pro Portion ca.: 1780 kJ/ · 425 kcal
18 g E · 36 g F · 7 g KH

1. Knoblauch und Ingwer schälen, mit Nüssen grob hacken. Dann mit Koriander, 1 TL Salz, $^1/_2$ TL Pfeffer und 2 EL Öl im Mixer fein zerkleinern. Spareribs damit einreiben, ca. 1 Std. ziehen lassen.

2. Zucchini schräg in ca. 1 cm dicke Scheiben schneiden. Wok erhitzen, 2 EL Öl hineingeben. Zucchini darin in 2 Portionen in je 3–4 Min. unter Rühren braten. Herausnehmen, salzen und pfeffern.

3. Restliche 2 EL Öl in den Wok geben. Spareribs portionsweise in je 10–12 Min. bei mittlerer Hitze braun braten. Zurück in den Wok geben. Kokosmilch und Fond angießen, Zitronenschale und Zimt dazugeben. Zugedeckt bei mittlerer Hitze ca. 25 Min. schmoren. Zucchini untermischen und alles bei starker Hitze noch 5–7 Min. offen garen. Speisestärke in kaltem Wasser anrühren, untermischen und gut aufkochen lassen. Spareribs mit Zitronensaft, Salz und Pfeffer abschmecken. Petersilie hacken und darüber streuen.

TIPS!

Der besondere Kick für Gäste
Zusätzlich $^1/_2$ TL Fenchelsamen fein mixen, 1 Stengel Zitronengras statt Zitronenschale nehmen, Petersilie durch Koriandergrün ersetzen.

Spareribs mit schwarzen Bohnen

Zutaten für 4 Personen:
Frisch einkaufen:
1,5 kg Spareribs (vom Metzger in 10 cm lange Stücke hacken lassen)
1 walnußgroßes Stück frischer Ingwer
250 g Staudensellerie
800 g schwarze gekochte oder rote Bohnen oder Kichererbsen (Dose)
Aus dem Vorrat:
2 EL Sherry oder Reiswein
4 EL süße Sojasauce (Ketjap manis)
2 EL Chilisauce
2 EL Sesamöl
1 Zwiebel
12 EL Öl
gut 1/2 l Gemüsebrühe
2 EL milder Essig
Salz
2 EL brauner Zucker
2 gestrichene TL Speisestärke
1–2 getrocknete Chilischoten
Geschwindigkeitsindikator:
Arbeitszeit: ca. 1 1/4 Std.
Läßt sich gut vorbereiten
Pro Portion ca.: 3040 kJ/ · 725 kcal
16 g E · 27 g F · 13 g KH

1. Spareribs in eine flache Schale legen. Sherry oder Reiswein, 2 EL Sojasauce, Chilisauce und Sesamöl verrühren und die Spareribs damit bestreichen. Je länger Sie sie jetzt marinieren, desto besser.

2. Ingwer und Zwiebel schälen und fein würfeln. Sellerie waschen, von den Fäden befreien und in dünne Scheiben schneiden.

3. In einem Topf 2 EL Öl erhitzen. Ingwer und Zwiebel darin andünsten. Bohnen dazugeben. 1/4 l Brühe unter die Bohnen mischen. Aufkochen, den Staudensellerie und den Essig dazugeben. Die Bohnen mit Salz abschmecken.

4. Inzwischen die Spareribs mit Küchenpapier leicht abtupfen. Wok erhitzen, die übrigen 10 EL Öl hineingeben. Die Spareribs darin portionsweise kräftig anbraten und wieder herausnehmen. Wenn alle angebraten sind, das Öl in einen Topf abgießen. Bratfond mit 1/8 l Wasser ablöschen, Zucker untermischen und ca. 1 Min. kochen lassen.

5. Gut 1/4 l Brühe mit der Speisestärke und 2 EL Sojasauce verrühren. Chilischoten zerkrümeln, die Kerne entfernen und die Chillies nach und nach unter die Sauce mischen. Zwischendurch abschmecken. Den Bratenfond durch ein Sieb ebenfalls dazugeben.

6. Spareribs wieder in den Wok geben, die Sauce darüber gießen und die Rippchen nochmals ca. 15 Min. offen garen. Dabei immer wieder in der Sauce wenden. Spareribs mit dem Bohnengemüse servieren.
Dazu schmeckt außerdem Reis.

Bohnen selber kochen

200 g getrocknete schwarze Bohnen – mit ihnen schmeckt das Gericht am besten – über Nacht in Wasser einweichen. Am nächsten Tag im Einweichwasser zum Kochen bringen und bei mittlerer Hitze in 30–60 Min. weich kochen.

TIPS!

Aus dem Vorrat
Statt Staudensellerie Möhren und Lauch unter die Bohnen mischen.

Der besondere Kick für Gäste
1 EL Hoisin-Sauce unter die Gemüsebrühe rühren. 1/4 l der Brühe durch Asia-Fond aus dem Glas ersetzen, statt der Zwiebel 3 Schalotten verwenden.

Chili con carne

Zutaten für 4 Personen:

Frisch einkaufen:

- 400 g Rinderhackfleisch
- 2 frische rote Chilischoten
- 1/2 Bund Petersilie

Aus dem Vorrat:

- 1 TL Kreuzkümmelpulver
- Cayennepfeffer
- Salz, schwarzer Pfeffer
- 1 EL Zitronensaft, 2 Stangen Lauch
- 2 Dosen rote Kidneybohnen (je 400 g)
- 1 Zwiebel, 2 Knoblauchzehen
- 3 EL Olivenöl, 2 EL Tomatenmark
- 2 Dosen gehackte Tomaten (je 400 g)
- 100 ml Fleischbrühe
- 1 TL getrockneter Thymian

Geschwindigkeitsindikator: ϟϟϟ

Arbeitszeit: ca. 30 Min.

Pro Portion ca.: 2110 kJ/ · 505 kcal

38 g E · 22 g F · 40 g KH

1. Hackfleisch mit Kreuzkümmel, etwas Cayennepfeffer, Salz, Pfeffer und Zitronensaft mischen.

2. Lauch putzen, waschen und schräg in feine Scheiben schneiden. Kidneybohnen abtropfen lassen. Zwiebel und Knoblauch schälen und fein hacken. Chilischoten waschen, entkernen und klein würfeln.

3. Wok erhitzen, Öl hineingeben. Lauch und Zwiebel darin ca. 3 Min. unter Rühren braten. Herausnehmen. Hackfleisch im verbliebenen Fett unter ständigem Rühren in ca. 5 Min. braun und bröselig braten. Knoblauch und Chillies ca. 1 Min. mitbraten. Tomatenmark einrühren.

4. Lauch-Zwiebel-Mischung, Bohnen, Tomaten, Brühe und Thymian hinzufügen und aufkochen lassen. Bei starker Hitze offen ca. 5 Min. garen. Mit Salz, Pfeffer und Cayennepfeffer abschmecken. Petersilie grob hacken und darüber streuen.

TIPS!

Der besondere Kick für Gäste
Zusätzlich mit 1/2 TL gemahlenem Piment würzen. Statt getrocknetem Thymian 1 TL frischen nehmen.

Rindfleisch mit Paprika

Zutaten für 4 Personen:

Frisch einkaufen:

- 400 g Rumpsteak, ersatzweise Rindersteak oder -filet
- 600 g rote, grüne und gelbe Paprikaschoten
- 3 Frühlingszwiebeln
- 1 walnußgroßes Stück frischer Ingwer
- 1–2 EL Schnittlauchröllchen

Aus dem Vorrat:

- Salz, schwarzer Pfeffer
- 1 TL Sesamöl
- 2 gestrichene TL Speisestärke
- 20 g getrocknete Tongku-Pilze
- 2 Knoblauchzehen
- 4 EL Sojasauce
- 2 TL Sardellenpaste (aus der Tube)
- 1 TL Zucker
- 200 ml Rinderfond, 4 EL Öl

Geschwindigkeitsindikator: ϟϟ

Arbeitszeit: ca. 40 Min.

Gelingt ganz leicht

Pro Portion ca.: 1130 kJ/ · 270 kcal

27 g E · 15 g F · 9 g KH

1. Fleisch in dünne Scheiben schneiden, mit Salz, Pfeffer, Sesamöl und 1 TL Speisestärke gut vermischen und ca. 30 Min. zugedeckt ziehen lassen. Pilze mit heißem Wasser übergießen und 30 Min. quellen lassen.

2. Paprikaschoten in breite Streifen schneiden. Frühlingszwiebeln in feine Ringe schneiden. Ingwer und Knoblauch schälen und sehr fein würfeln.

3. Sojasauce, Sardellenpaste, Zucker, Rinderfond und 1 TL Speisestärke gut verrühren. Pilze entstielen und halbieren.

4. Wok erhitzen, 2 EL Öl hineingeben. Ingwer, Knoblauch und Frühlingszwiebeln darin anbraten, Fleisch 1–2 Min. mitbraten. Herausnehmen.

5. 2 EL Öl im Wok erhitzen, Paprika portionsweise unter Rühren 3–6 Min. braten. Pilze hinzufügen. Sauce angießen, einmal aufkochen und 2–3 Min. bei mittlerer Hitze köcheln lassen. Fleisch wieder zugeben und in ca. 1 Min. gut heiß werden lassen. Schnittlauch darüber streuen.

TIPS!

Der besondere Kick für Gäste
Die Hälfte der Sojasauce durch Austernsauce ersetzen (Sardellenpaste dann weglassen).

Lamm-Kokos-Curry

Zutaten für 4 Personen:
Frisch einkaufen:
750 g Lammkeule (vom Metzger in dünne Scheiben schneiden lassen)
1 gut walnußgroßes Stück frischer Ingwer
Aus dem Vorrat:
1 1/2 unbehandelte Zitronen
2 TL Sambal oelek
5 EL Öl, 2 TL Zucker
1 TL Korianderpulver
1 TL Zimt, Salz, Pfeffer
1 Zwiebel, 2 Knoblauchzehen
3 TL Kurkuma (Gelbwurz)
1 Dose ungesüßte Kokosmilch (400 g)
Geschwindigkeitsindikator:
Arbeitszeit: ca. 1 Std.
Mild-würzig und raffiniert
Pro Portion ca.: 2320 kJ/ · 555 kcal
34 g E · 44 g F · 5 g KH

1. Von der 1/2 Zitrone die Schale in Streifen abschneiden, von der ganzen die Schale abreiben. Die ganze Zitrone auspressen. Geriebene Zitronenschale mit 2 EL Saft, Sambal oelek, 2 EL Öl, Zucker, Koriander, Zimt, Salz und Pfeffer mischen. Fleisch unterrühren.

2. Zwiebel, Knoblauch und Ingwer schälen und fein würfeln. Zitronenschale fein hacken.

3. Wok erhitzen, restliche 3 EL Öl hineingeben. Zwiebel, Knoblauch, Ingwer und Zitronenschale darin kurz anbraten, wieder herausheben. Fleisch portionsweise unter Rühren 2–3 Min. braten. Fleisch mit der Zwiebelmischung wieder in den Wok geben. Kurkuma untermischen. Kokosmilch unterrühren. Lammcurry 5–6 Min. köcheln lassen.

TIPS!

Der besondere Kick für Gäste
Statt 1/2 Zitrone 2 Stengel Zitronengras, grob zerkleinert, mitgaren. Koriandergrün zur Dekoration verwenden.

Spargel-Lamm-Wok

Zutaten für 4 Personen:
Frisch einkaufen:
400 g Lammfilet oder Lammsteaks
je 250 g weißer und grüner Spargel
300 g Blattspinat
125 g Mascarpone
1/2 Bund Petersilie
Aus dem Vorrat:
2 Knoblauchzehen
2 TL Aceto balsamico
Pfeffer
1 TL Thymian
5 EL Olivenöl
Salz
1 Zwiebel
1 unbehandelte Zitrone
6 EL Fleischbrühe
1 gehäufter TL Speisestärke
2 EL Pinienkerne
1 Prise Zucker
Geschwindigkeitsindikator:
Arbeitszeit: ca. 45 Min.
Fein für Gäste
Pro Portion ca.: 1695 kJ/ · 405 kcal
26 g E · 30 g F · 7 g KH

1. Fleisch in dünne Scheiben schneiden. Knoblauch schälen, 1 Zehe zerdrücken und mit Essig, Pfeffer, Thymian und 1 EL Olivenöl verrühren. Mit dem Fleisch mischen und kühl stellen.

2. Spargel waschen, den weißen schälen, Enden abschneiden. Spargel in ca. 4 cm lange Stücke schneiden. Weißen Spargel in kochendem Salzwasser ca. 8 Min. kochen, grünen dazugeben und alles noch ca. 8 Min. garen, abtropfen lassen. Spinat verlesen und grob hacken. Zwiebel mit 1 Knoblauchzehe fein würfeln. Zitrone heiß waschen, Schale abreiben, 2 EL Saft auspressen. Zitronenschale und -saft mit Mascarpone, Brühe und Stärke verrühren, salzen und pfeffern.

3. Wok erhitzen, 2 EL Öl hineingeben. Pinienkerne darin goldbraun rösten, herausheben. Fleisch im Bratfett portionsweise unter Rühren 2–3 Min. braten. Herausnehmen und salzen. Spinat 1–2 Min. braten, ebenfalls beiseite stellen. Übrige 2 EL Öl erhitzen. Zwiebel, Knoblauch und Spargel 3–4 Min. braten. Mit Salz, Pfeffer und Zucker würzen. Mascarponecreme angießen. Fleisch und Spinat gut untermischen und zugedeckt 2–3 Min. ziehen lassen. Petersilie hacken, mit den Pinienkernen aufstreuen.

Zutaten für 4 Personen:

Frisch einkaufen:
1 Bund Suppengrün
1 walnußgroßes Stück frischer Ingwer
600 g Hühnerbrüstchen, am besten mit Haut und Knochen
3 Frühlingszwiebeln
2 frische rote Chilischoten
2 Stangen Staudensellerie
1 Bund Petersilie

Aus dem Vorrat:
ca. 4 cm Zitronenschale
200 g Duftreis, 1 Zwiebel
2 Knoblauchzehen, 2 EL Öl
1–2 EL Sojasauce, Salz

Geschwindigkeitsindikator:
Arbeitszeit: ca. 15 Min.
Garzeit: ca. 20 + 5 Min.
Sattmacher für jeden Tag
Pro Portion ca.: 1750 kJ / · 420 kcal
32 g E · 13 g F · 42 g KH

Thailändische Hühnersuppe

1. Suppengrün waschen, schälen und würfeln. Ingwer schälen. Suppengrün, Ingwer und Zitronenschale mit 2 l Wasser in einem Topf erhitzen. Hühnerbrüstchen darin 20 Min. zugedeckt bei schwacher Hitze ziehen lassen.

2. Inzwischen Reis mit 400 ml Wasser zum Kochen bringen, bei schwacher Hitze zugedeckt in 15 Min. gar ziehen lassen.

3. Hühnerbrüstchen aus der Brühe nehmen, von Haut und Knochen befreien. Fleisch würfeln. Brühe sieben. Zwiebel und Knoblauch schälen und fein hacken. Frühlingszwiebeln putzen, gründlich waschen und in feine Streifen schneiden. Chilischoten waschen, entkernen und würfeln. Sellerie waschen, putzen und in dünne Scheiben schneiden. Petersilie waschen, Blättchen fein hacken.

4. Wok erhitzen, Öl hineingeben. Zwiebel und Knoblauch darin glasig dünsten. Hühnerfleisch unter Rühren anbraten. Reis und 1 l Brühe dazugeben und erhitzen. Bei schwacher Hitze 5 Min. ziehen lassen. Suppe mit Sojasauce und Salz abschmecken.

5. Gemüse in kleine Schälchen füllen und getrennt zur Suppe servieren. So kann jeder Gast die Suppe nach seinen Vorlieben zusammenstellen.

Zutaten für 4 Personen:

Frisch einkaufen:
400 g Kaninchen- oder Hühnerfilet
2 Kohlrabi (etwa 600 g)
4 Frühlingszwiebeln
100 g Rucola

Aus dem Vorrat:
2 TL Speisestärke
4 EL Sojasauce, 5 EL Öl
250 g Möhren
150 ml Geflügelfond (aus dem Glas)
1–2 EL Zitronensaft
30 g Pinienkerne
Salz, schwarzer Pfeffer

Geschwindigkeitsindikator:
Arbeitszeit: ca. 25 Min.
Wokzeit: ca. 6 Min.
Festlich
Pro Portion ca.: 1620 kJ / · 385 kcal
27 g E · 25 g F · 29 g KH

Kohlrabi-Kaninchen-Wok

1. Fleisch in dünne Scheiben schneiden. 1 TL Stärke, 2 EL Sojasauce und 1 EL Öl mischen. Fleisch darin wenden.

2. Kohlrabi schälen und vierteln, in dünne Scheiben schneiden. Möhren schälen und schräg in feine Scheiben schneiden. Frühlingszwiebeln putzen, gründlich waschen und in feine Ringe schneiden. Rucola waschen, von harten Stielen befreien und grob hacken.

3. Geflügelfond mit 2 EL Sojasauce, Zitronensaft und 1 TL Speisestärke glattrühren.

4. Wok erhitzen, 2 EL Öl hineingeben. Pinienkerne darin unter Rühren goldbraun braten, herausheben. Fleisch portionsweise im verbliebenen Öl 2–3 Min. unter Rühren braten.

5. Übrige 2 EL Öl in den Wok geben. Kohlrabi darin 2 Min. braten, dann die Möhren 2 Min. mitbraten. Frühlingszwiebeln dazugeben, weitere 3 Min. braten. Sauce angießen und aufkochen lassen. Alles bei starker Hitze 1 Min. garen. Salzen und pfeffern. Rucola unterheben, mit Pinienkernen bestreut servieren. Dazu schmeckt eine Reis-Wildreis-Mischung.

Putenröllchen

Zutaten für 4 Personen:

Frisch einkaufen:
1 Frühlingszwiebel
1/2 Bund Petersilie
1 unbehandelte Orange
1 TL geriebener Meerrettich
8 dünne Putenschnitzel (je etwa 80 g)

Aus dem Vorrat:
1 Möhre
1 Ei
Salz, Pfeffer
500 g Lauch
2 EL Sojasauce
1 TL Honig
1 gestrichener TL Speisestärke
4 EL Öl

Geschwindigkeitsindikator:
Arbeitszeit: ca. 40 Min.
Preiswert und ganz einfach
Pro Portion ca.: 1295 kJ/ · 310 kcal
43 g E · 12 g F · 8 g KH

1. Möhre schälen und fein reiben. Frühlingszwiebel sehr klein würfeln. Petersilie fein hacken. Von der Orange 1 TL Schale abreiben, Saft auspressen. Möhre mit Frühlingszwiebel, Petersilie, Orangenschale, Meerrettich und Ei mischen.

2. Putenschnitzel zwischen Klarsichtfolie flach klopfen, mit der Möhrenmasse bestreichen und aufrollen. Röllchen mit Zahnstochern feststecken, salzen und pfeffern.

3. Lauch putzen, gründlich waschen und in ca. 1 cm dicke Scheiben schneiden. Orangensaft mit Sojasauce und Honig mischen. Speisestärke in 100 ml Wasser anrühren und untermischen.

4. Wok erhitzen, 2 EL Öl hineingeben. Lauch darin unter Rühren ca. 2 Min. braten. Sauce angießen und den Lauch bei mittlerer Hitze in ca. 5–10 Min. bißfest garen. Herausnehmen und warm stellen.

5. Restliche 2 EL Öl im Wok erhitzen. Putenröllchen darin rundherum bei mittlerer Hitze in ca. 5 Min. nicht zu braun braten. Mit dem Lauch servieren.

TIPS!

Der besondere Kick für Gäste
Statt normalem Meerrettich den japanischen grünen Meerrettich Wasabi aus der Tube nehmen. Dann allerdings nur 1/2 TL, denn der grüne Meerrettich ist viel schärfer.

Hühnerfleisch mit Pilzen in Salat

Zutaten für 4 Personen:

Frisch einkaufen:
400 g Hühnerbrustfilet
4 Frühlingszwiebeln
1 walnußgroßes Stück frischer Ingwer
1 kleinere Mango
2 TL Mango-Chutney
1 großer Kopfsalat

Aus dem Vorrat:
5 getrocknete Tongku- oder Mu-Err-Pilze
2 EL Sojasauce
1 gestrichener TL Speisestärke
1 Eiweiß, 2 EL Öl, 1 EL Sesamöl

Geschwindigkeitsindikator:
Arbeitszeit: ca. 30 Min.
Feine Vorspeise
Pro Portion ca.: 1025 kJ/ · 245 kcal
28 g E · 10 g F · 10 g KH

1. Pilze in heißem Wasser ca. 15 Min. einweichen. Inzwischen Hühnerfleisch winzig klein würfeln. Sojasauce mit Stärke verrühren, Eiweiß untermischen. Hühnerfleisch damit vermengen und zugedeckt ca. 15 Min. ziehen lassen.

2. Frühlingszwiebeln und Ingwer putzen, fein würfeln. Pilze abtropfen lassen, von den harten Stielen befreien und auch sehr klein würfeln. Mangofruchtfleisch ebenfalls fein zerkleinern.

3. Wok erhitzen, Öl und Sesamöl hineingeben. Ingwer und Hühnerfleisch darin unter Rühren ca. 3 Min. braten. Frühlingszwiebeln und Pilze ca. 2 Min. mitbraten. Mangowürfel und Mango-Chutney untermischen.

4. Salatblätter ablösen, waschen. Dicke Blattrippen flachschneiden. Etwas Füllung in der Mitte der Blätter verteilen, Blätter zu Röllchen aufrollen. Dazu Sojasauce und süß-saure Chilisauce servieren.

Hühnercurry

Zutaten für 4 Personen:

Frisch einkaufen:

600 g Hähnchenbrustfilet
250 g Zuckerschoten oder TK-Bohnen
3–4 frische grüne Chilischoten
3 Frühlingszwiebeln
1 walnußgroßes Stück frischer Ingwer, 1/2 Bund Petersilie

Aus dem Vorrat:

1 kleine Dose Ananas (205 g)
Salz, 2 Knoblauchzehen
Pfeffer, 5 EL Öl
Schale von 1/2 unbehandelten Zitrone
1/2 TL Kreuzkümmelpulver
1 Dose ungesüßte Kokosmilch (400 g)

Geschwindigkeitsindikator:

Arbeitszeit: ca. 30 Min.

Fruchtig frisch und aromatisch

Pro Portion ca.: 1525 kJ/ · 365 kcal
49 g E · 15 g F · 43 g KH

1. Hähnchenfleisch in ca. 2 cm große Würfel schneiden. Ananas in Stücke schneiden. Zuckerschoten waschen und schräg halbieren. Schoten in Salzwasser in 3–5 Min. bißfest kochen. Abtropfen lassen.

2. Chilischoten waschen, entkernen und grob zerteilen. Frühlingszwiebeln waschen, putzen und kleinschneiden. Knoblauch und Ingwer schälen, Ingwer vierteln. Zitronenschale grob zerkleinern. Petersilienblättchen abzupfen. Diese Zutaten mit Salz, Pfeffer, 2 EL Öl und Kreuzkümmel im Mixer fein pürieren.

3. Wok erhitzen, restliche 3 EL Öl hineingeben. Hühnerfleisch darin unter Rühren 1–2 Min. kräftig anbraten, an den Rand schieben. Chilipaste dazugeben, ca. 3 Min. braten. Zuckerschoten und Ananas untermischen. Kokosmilch einrühren, noch 4–5 Min. köcheln lassen.

TIPS!

Der besondere Kick für Gäste
Koriandergrün statt Petersilie nehmen, mit dem Kreuzkümmel 1 EL Krabbenpaste (aus dem Asienladen) unter die Sauce mischen. Statt Zitronenschale 4 Stengel Zitronengras nehmen.

Hühnerbrust mit Erdnüssen und Chili

Zutaten für 4 Personen:

Frisch einkaufen:

600 g Hühnerbrustfilet
2 frische rote Chilischoten
1 Bund Petersilie

Aus dem Vorrat:

1 Eiweiß
1 gestrichener TL Speisestärke
1 EL Sojasauce
1 getrocknete Chilischote
2 dünne Stangen Lauch
1 EL Erdnußcreme (Glas)
200 ml Hühnerbrühe
50 g Erdnußkerne
3 EL Öl
Salz, Pfeffer

Geschwindigkeitsindikator:

Arbeitszeit: ca. 30 Min.

Würzig-aromatisch

Pro Portion ca.: 1420 kJ/ · 340 kcal
41 g E · 16 g F · 5 g KH

1. Hühnerfleisch in ca. 1 1/2 cm große Würfel schneiden. Eiweiß mit Stärke und Sojasauce glattrühren, getrocknete Chilischote zerreiben und untermischen. Unter die Hühnerwürfel mengen.

2. Lauch putzen, längs halbieren und waschen. Schräg in ca. 3 cm breite Streifen schneiden. Frische Chillies waschen, entkernen und in feine Streifen schneiden. Erdnußcreme mit Brühe glattrühren, Erdnüsse grob hacken.

3. Wok erhitzen, Erdnüsse darin ohne Fett unter Rühren anrösten, wieder herausnehmen.
1 EL Öl im Wok erhitzen. Lauch und frische Chillies darin unter Rühren ca. 1 Min. braten, herausnehmen.

4. Restliche 2 EL Öl im Wok erhitzen. Hühnerbrustwürfel unter Rühren darin in 2–3 Min. goldbraun braten. Sauce dazugeben, alles ca. 5 Min. bei mittlerer Hitze ziehen lassen. Lauch untermischen und heiß werden lassen. Salzen und pfeffern, mit Erdnüssen und Petersilienblättchen bestreuen.

TIPS!

Aus dem Vorrat
TK-Hühner- oder Putenfleisch, statt frischen Chilischoten getrocknete nehmen. Petersilie weglassen.

Der besondere Kick für Gäste
Statt Petersilie frisches Koriandergrün nehmen. Wer's gerne noch schärfer hat, würzt mit Sambal oelek.

Puten Sum mit süß-saurer Sauce

Zutaten für 2–4 Personen:

Frisch einkaufen:

1 gut walnußgroßes Stück frischer Ingwer
2 frische rote Chilischoten
4 Zweige Petersilie
150 g Putenbrustfilet
1 Frühlingszwiebel
1 Bund Schnittlauch
20 kleine runde Reispapierblätter (18 cm ø)

Aus dem Vorrat:

2 Knoblauchzehen
ca. 9 EL Sojasauce
3 EL Weißweinessig
3 TL brauner Zucker
30 g Glasnudeln
100 g getrocknete Tomaten in Öl
1/2 TL getrockneter Oregano
2 EL Olivenöl
Salz, Pfeffer
750 ml Öl zum Fritieren

Geschwindigkeitsindikator:

Arbeitszeit: ca. 1 1/4 Std.

Braucht etwas Zeit

Bei 4 Personen pro Portion ca.: 1215 kJ/ · 290 kcal
18 g E · 11 g F ·36 g KH

TIPS!

Aus dem Vorrat
Statt Pute mehr Glasnudeln und Tomaten nehmen. Getrocknete Chillie und TK-Kräuter verwenden.

Der besondere Kick für Gäste
Rucola oder Koriandergrün statt Petersilie, 3–4 Zweige frischen Oregano statt getrocknetem und die Füllung mit 3 EL Austernsauce statt Sojasauce abschmecken.

Zubereitungs-Hilfe
Das dünne Reispapier ist empfindlich. Das Wasser darf deshalb nicht zu heiß sein, sonst zerreißt das Papier.

Fritiertes schmeckt prima und ist besser als sein Ruf: Wenn das Fett ausreichend heiß ist, bildet sich gleich eine krosse Kruste und das Fett bleibt »draußen«.

1. Für die Sauce den Ingwer und den Knoblauch schälen und fein reiben oder sehr kleinhacken. Chilischoten waschen, längs aufschlitzen, entkernen und in dünne Streifen schneiden. Petersilie waschen, die Blättchen grob hacken.

2. In einem Schüsselchen 6 EL Sojasauce mit Essig und Zucker verrühren. Ingwer, Knoblauch, Chillies und Petersilie untermischen, kühl stellen.

3. Putenfleisch in feine Streifen schneiden. Glasnudeln mit heißem Wasser übergießen und weich werden lassen. Tomaten abtropfen lassen und klein würfeln. Frühlingszwiebel waschen, putzen und in feine Streifen schneiden **(Step 1)**. Schnittlauch waschen und in feine Röllchen schneiden.

4. Glasnudeln abtropfen lassen und mit einer Küchenschere etwas kleiner schneiden. Mit Putenfleisch, Tomaten, Frühlingszwiebelstreifen, Schnittlauch, zerrebeltem Oregano und Olivenöl gründlich mischen, mit Salz, Pfeffer und den übrigen 3 EL Sojasauce würzen.

5. Die Arbeitsfläche mit einem sauberen Küchentuch auslegen. Eine Schüssel mit warmem Wasser bereitstellen. Nun nach und nach die Reisblätter einzeln für ca. 1 Min. in das Wasser legen, bis sie weich sind. Herausheben und auf das Küchentuch legen. Etwas Füllung in der Mitte verteilen, das Reisblatt nach innen schlagen und aufrollen. Die Nahtstellen evtl. noch mit etwas Wasser bestreichen und gut andrücken **(Step 2)**. Auf diese Weise alle Reispapierblätter füllen.

6. Das Öl zum Fritieren im Wok erhitzen (S. 114). Die Röllchen darin portionsweise in 4–5 Min. goldbraun fritieren. Auf Küchenpapier abtropfen lassen und mit der Sauce servieren.

1

2

Gedämpftes Hähnchenbrustfilet

Zutaten für 4 Personen:
Frisch einkaufen:
4 Frühlingszwiebeln
4–5 Hähnchenbrustfilets (etwa 700 g)
1 walnußgroßes Stück frischer Ingwer
1/2 Bund Petersilie
4–10 Chinakohlblätter
300 g kleine feste Tomaten
Aus dem Vorrat:
3 Knoblauchzehen
2 EL Zitronensaft
2 TL Sesamöl, 1 EL Öl, Salz
2 TL Korianderpulver
1 TL Kreuzkümmelpulver
1 TL Paprika, edelsüß
etwas Cayennepfeffer
3/8 l Hühnerbrühe
2 EL Sojasauce
Geschwindigkeitsindikator:
Arbeitszeit: ca. 45 Min.
Raffiniert
Pro Portion ca.: 1860 kJ/ · 445 kcal
51 g E · 14 g F · 27 g KH

1. 3 Frühlingszwiebeln in feine Ringe schneiden. Knoblauch und Ingwer schälen und fein hacken. Petersilienblättchen ebenfalls hacken. Zwiebelringe, Knoblauch, Ingwer und Petersilie mit Zitronensaft, Sesamöl und Öl fein pürieren. Salz, Koriander, Kreuzkümmel, Paprika und Cayennepfeffer untermischen. Fleisch auf beiden Seiten mit der Paste bestreichen.

2. Chinakohl waschen und von den dicken Mittelrippen befreien. Eine Form damit auslegen, Hühnerfleisch darauf verteilen. Tomaten waschen, vierteln und dazulegen. Salzen.

3. Hühnerbrühe mit Sojasauce im Wok aufkochen lassen. Die Form auf dem Dämpfeinsatz in den Wok stellen. Hühnerfleisch zugedeckt in 20–25 Min. bei mittlerer Hitze gar dämpfen. Restliche Frühlingszwiebel in feine Ringe schneiden und darüber streuen.
Dazu schmeckt Reis.

TIP!

Die Hühnerbrustfilets schmecken am besten, wenn man sie über Nacht mariniert.

Coq au Sherry

Zutaten für 4 Personen:
Frisch einkaufen:
etwa 1,5 kg Hähnchenschenkel
50 g gehäutete Mandeln
1/2 Bund Petersilie oder Rucola
Aus dem Vorrat:
3 Knoblauchzehen
Salz, Pfeffer
1/2 TL Chinagewürz
1 EL Honig, 5 EL Sojasauce
2 Stangen Lauch
300 g Möhren, 1 Zwiebel
4 EL Öl,.1/2 l Hühnerbrühe
200 ml Sherry
4 gestrichene TL Speisestärke
Geschwindigkeitsindikator:
Arbeitszeit: ca. 35 Min.
Marinierzeit: ca. 1 Std. (evtl.)
Schmorzeit: 35–40 Min.
Spanisch-asiatisch
Pro Portion ca.: 2875 kJ/ · 685 kcal
47 g E · 38 g F · 31 g KH

1. Hähnchenschenkel einmal am Gelenk durchtrennen und häuten. Knoblauch schälen und pressen. Mit 1 TL Salz, Pfeffer, Chinagewürz, Honig und 3 EL Sojasauce mischen. Fleisch damit einreiben und ca. 1 Std. kühl stellen. Lauch putzen, gründlich waschen und in ca. 2 cm dicke Scheiben schneiden. Möhren schälen und in ca. 1 cm breite Stücke schneiden. Zwiebel schälen und achteln.

2. Wok erhitzen, Öl darin heiß werden lassen. Mandeln darin in ca. 2 Min. goldbraun rösten, herausheben. Geflügel abtropfen lassen (Marinade aufheben) und im Öl portionsweise bei mittlerer Hitze von beiden Seiten in 5–6 Min. braun braten, herausnehmen. Zwiebel und Möhren im Wok bei starker Hitze unter Rühren ca. 3 Min. braten. Lauch ca. 3 Min. mitbraten. Fleisch wieder dazugeben, Brühe, Marinade und Sherry angießen. Mit 2 EL Sojasauce abschmecken und zugedeckt bei schwacher Hitze 35–40 Min. schmoren.

3. Fleisch herausnehmen. 6 EL Schmorsud mit der Stärke verquirlen, wieder in die Sauce rühren. Köcheln lassen, bis sie bindet. Fleisch wieder dazugeben, salzen und pfeffern. Petersilienblättchen fein hacken. Mit den Mandeln über das Huhn streuen.

Ente Panang

Zutaten für 4 Personen:
Frisch einkaufen:
3 kleine Entenbrustfilets (etwa 750 g)
Aus dem Vorrat:
3 EL süße Sojasauce (Ketjap manis)
6 EL Fischsauce
2 Knoblauchzehen
1 Dose ungesüßte Kokosmilch (400 g) oder 200 g feste Kokoscreme am Stück
4–5 TL Currypaste (am besten Panang-Paste)
400 ml Hühnerbrühe
Schale von 1–2 unbehandelten Zitronen oder 10–12 Zitronenblätter
5–6 EL Öl
Geschwindigkeitsindikator:
Arbeitszeit: ca. 30 Min.
Marinierzeit (wenn man will): ca. 5 Std.
Toll für Gäste
Pro Portion ca.: 3390 kJ/ · 810 kcal
45 g E · 56 g F · 32 g KH

Die Ente hat ihren Namen von der speziellen Currypaste. Zusammen mit den Zitronenblättern sorgt sie dafür, daß dieses Entengericht unvergeßlich bleibt.

1. Die Fettschicht der Entenbrustfilets mehrfach diagonal einschneiden, ohne dabei das Fleisch zu verletzen **(Step 1).**

2. Sojasauce und Fischsauce verrühren. Knoblauch schälen und dazupressen. Entenfleisch darin wenden und zugedeckt evtl. 5 Std. kühl stellen. Dann schmeckt das Gericht am besten.

3. Kokosmilch mit der Currypaste vermengen oder Kokoscreme raspeln **(Step 2)** und mit der Brühe unter Rühren erwärmen, bis die Kokoscreme geschmolzen ist. Currypaste gründlich untermischen.

4. Zitronenschale in feine Streifen schneiden. Oder Zitronenblätter aufrollen, die Stengel herausschneiden und die Blätter in sehr feine Streifen schneiden **(Step 3).**

5. Entenbrustfilets abtropfen lassen, Marinade aufheben. Wok erhitzen, Öl darin heiß werden lassen. Entenbrustfilets mit der Hautseite nach unten bei mittlerer Hitze ca. 6 Min. braten, wenden und noch ca. 6 Min. braten. Herausnehmen, kurz ruhen lassen und in dünne Scheiben schneiden.

6. Öl aus dem Wok gießen. Kokossauce und Marinade angießen, unter Rühren ca. 2 Min. kochen. Entenscheiben nochmals ca. 1/2 Min. darin erwärmen. Mit Zitronenschale oder Zitronenblättern bestreut servieren. Dazu schmeckt am besten Duftreis.

1

2

3

TIPS!

Aus dem Vorrat
Wer keine Fischsauce hat, nimmt normale Sojasauce und verrührt sie mit 1 TL Sardellenpaste. Entenbrustfilets können Sie gut im eigenen TK-Vorrat halten, sonst auf anderes Fleisch ausweichen.

Zutaten für 4 Personen:
Frisch einkaufen:
2 Entenbrustfilets (etwa 600 g)
1 gut walnußgroßes Stück frischer Ingwer
2 Frühlingszwiebeln
300 g Zuckerschoten oder Broccoli
100 g frische Sojasprossen
Aus dem Vorrat:
2 EL Honig
3 EL trockener Sherry
3 EL Sojasauce
1 gestrichener TL Speisestärke
3 EL Öl
1 EL Sesamöl
Geschwindigkeitsindikator:
Arbeitszeit: ca. 30 Min.
Super-knackig
Pro Portion ca.: 2260 kJ/ · 540 kcal
45 g E · 37 g F · 47 g KH

Glasierte Entenstreifen

1. Honig mit Sherry und Sojasauce ca. 2 Min. köcheln, dann abkühlen lassen. Speisestärke mit wenig Wasser verrühren, dazugeben. Entenfleisch häuten und in ca. 1 $^1/_2$ cm dicke Streifen schneiden. Marinade darüber gießen.

2. Ingwer schälen und in feine Streifen schneiden. Frühlingszwiebeln in feine Ringe schneiden. Zuckerschoten waschen und schräg halbieren. Oder Broccoli in ca. $^1/_2$ cm breite Scheiben schneiden. Sojasprossen waschen.

3. Wok erhitzen, 2 EL Öl hineingeben. Ingwer und Frühlingszwiebeln darin anbraten. Zuckerschoten oder Broccoli ca. 3 Min. mitbraten. Gemüse zugedeckt warm halten.

4. 1 EL Öl und Sesamöl in den Wok geben. Entenstreifen abtropfen lassen und portionsweise 1–2 Min. braten. Marinade dazugeben. Gemüse und Sprossen untermischen und heiß werden lassen.

TIPS!

Der besondere Kick für Gäste
Sherry durch Reiswein, Ingwer durch frischen Galgant ersetzen, mit der Marinade 1 Sternanis erwärmen.

Zutaten für 4 Personen:
Frisch einkaufen:
2 Entenbrustfilets (etwa 500 g)
1 unbehandelte Orange
2 kleine säuerliche Äpfel
1 walnußgroßes Stück frischer Ingwer
Aus dem Vorrat:
2 EL Calvados oder Apfelsaft
1 TL Honig
Cayennepfeffer
1 TL Rosmarin, 500 g Lauch
2 EL Zitronensaft, 1 Zwiebel
$^1/_8$ l Hühnerbrühe
3 EL Sojasauce
2 gestrichene TL Speisestärke
Salz, schwarzer Pfeffer
3 EL Mehl, 2 EL Öl
Geschwindigkeitsindikator:
Arbeitszeit: ca. 1 Std.
Marinierzeit: ca. 3 Std.
Fruchtig-frisch
Pro Portion ca.: 2070 kJ/ · 495 kcal
29 g E · 29 g F · 26 g KH

Knusprige Entenbrust auf Apfel-Lauch-Gemüse

1. Entenbrustfilets häuten und in feine Scheiben schneiden. 50 g Haut klein würfeln. Orange heiß waschen, die Schale fein abreiben, den Saft auspressen. Beides mit Calvados oder Apfelsaft, Honig, Cayennepfeffer und Rosmarin verrühren. Fleisch gründlich darin wenden und ca. 3 Std. ziehen lassen.

2. Lauch in dünne Scheiben schneiden. Äpfel schälen, putzen, in dünne Spalten schneiden. Mit dem Zitronensaft mischen. Zwiebel und Ingwer fein würfeln.

3. Fleisch abtropfen lassen, Marinade auffangen und mit Brühe, Sojasauce und Speisestärke verquirlen. Fleisch trockentupfen, salzen und pfeffern, im Mehl wenden.

4. Wok erhitzen, Entenhaut darin auslassen. Fleisch darin portionsweise in 3–4 Min. braun braten, warm stellen. Öl im Wok erhitzen. Zwiebel und Ingwer darin kurz anrösten. Lauch ca. 3 Min. mitbraten. Die Hälfte der Apfelspalten untermischen. Sauce angießen und aufkochen lassen, ca. 2 Min. gut durchrühren. Mit Salz, Pfeffer und Cayennepfeffer abschmecken. Übrige Äpfel untermischen, Entenbrust darauf verteilen und 1–2 Min. ziehen lassen.

Gedämpfter Kabeljau im Spinatbett

Zutaten für 2–4 Personen:
Frisch einkaufen:
1 walnußgroßes Stück frischer Ingwer, 2 frische rote Chilischoten
300 g Spinat, 600 g Kabeljaufilet
Aus dem Vorrat:
1 großes Stück Zitronenschale
2 Knoblauchzehen, 4 EL Sojasauce
3 EL Öl, 1 EL brauner Zucker, 4 EL Zitronensaft, Salz, Pfeffer
Geschwindigkeitsindikator:
Arbeitszeit: ca. 20 Min.
Würzig-pikant
Bei 4 Personen pro Portion ca.: 795 kJ/ · 190 kcal
28 g E · 6 g F · 5 g KH

1. Zitronenschale in Streifen schneiden. Ingwer und Knoblauch schälen, zur Hälfte in Scheiben schneiden, den Rest durchpressen. Chilischoten entkernen und in Streifen schneiden.

2. Sojasauce mit 4 EL Wasser, 2 EL Öl, Zucker, 1 EL Zitronensaft, Salz und Pfeffer verrühren. Gepreßten Ingwer und Knoblauch untermischen. Spinat waschen und abtropfen lassen.

3. Im Wok $^1/_2$ l Wasser mit Zitronenschale, Ingwer- und Knoblauchscheiben aufkochen. Einen Dämpfeinsatz mit 1 EL Öl bepinseln, mit den Spinatblättern auskleiden.

4. Fischfilet abspülen, jeweils in 2–3 Stücke schneiden. Auf dem Spinat verteilen, mit 3 EL Zitronensaft beträufeln, salzen und pfeffern. Chilistreifen darüber streuen. 2–5 Min. dämpfen. Mit der Sauce servieren.

Fisch und Meeresfrüchte

Fritierte Fischbällchen

Zutaten für 4 Personen:
Frisch einkaufen:
1 Limette
200 g Fischfilet (z.B. Kabeljau)
1 walnußgroßes Stück Ingwer
1 rote Paprikaschote
Aus dem Vorrat:
3 Kartoffeln (etwa 250 g)
Salz, Pfeffer
1 Zwiebel, 2 Knoblauchzehen
2–3 EL Öl
2 EL Sojasauce, Cayennepfeffer
ca. 120 g Erdnüsse
2 Eier, 3 EL Mehl
750 ml Öl zum Fritieren
Geschwindigkeitsindikator: ϟ
Arbeitszeit: ca. 45 Min.
Kühlzeit: ca. 20 Min.
Knusprig frisch am besten
Pro Portion ca.: 1780 kJ/ · 425 kcal
23 g E · 29 g F · 18 g KH

1. Kartoffeln in wenig Wasser zugedeckt weich kochen. Etwas ausdämpfen lassen, schälen, mit einer Gabel fein zerdrücken.

2. Limette auspressen. Fischfilet mit dem Saft, Salz und Pfeffer würzen. Zwiebel, Knoblauch und Ingwer schälen und fein hacken.

3. Wok erhitzen, 2 EL Öl hineingeben. Fisch darin pro Seite 1–3 Min. braten. Herausnehmen, etwas abgekühlt in kleine Stücke zerpflücken. Zwiebel, Knoblauch und Ingwer im Bratfett ca. 1/2 Min. braten, zum Fisch geben.

4. Paprikaschote waschen und fein würfeln. Mit den Kartoffeln zum Fisch geben, mit Sojasauce und Cayennepfeffer abschmekken, ca. 20 Min. kühl stellen.

5. Erdnüsse fein mahlen. Die Eier verschlagen. Aus der Fischfarce kleine Bällchen formen und im Mehl, in den Eiern und zum Schluß in den Erdnüssen wälzen.

6. Im Wok das Öl zum Fritieren erhitzen (S. 114). Fischbällchen darin portionsweise in 3–4 Min. goldbraun fritieren. Auf Küchenpapier abfetten lassen. Dazu schmeckt selbstgemachte süß-saure Chilisauce (S. 115).

Gedämpfter Fisch mit scharfen Auberginen

Zutaten für 4 Personen:
Frisch einkaufen:
4 Fischfilets (z.B. Kabeljau, je etwa 180 g)
1 frische rote Chilischote
1 Limette, 800 g Auberginen
1 walnußgroßes Stück frischer Ingwer
50 g geröstete gesalzene Macadamia-Nüsse oder Erdnüsse
1 Bund Petersilie
Aus dem Vorrat:
1 EL Sesamöl, Salz
1 Zwiebel, 2 Knoblauchzehen
10 EL Öl, 2 EL Weißweinessig
100 ml Gemüsebrühe
1 TL Kreuzkümmelpulver
1/2 TL Korianderpulver
1 TL Kardamompulver
1 TL Sambal oelek
Geschwindigkeitsindikator: ϟϟ
Arbeitszeit: ca. 40 Min.
Würzig-pikant
Pro Portion ca.: 1650 kJ/ · 395 kcal
34 g E · 26 g F · 9 g KH

1. Fischfilets halbieren und in eine flache Schale legen. Chilischote waschen, entkernen und sehr fein würfeln. Limette waschen, die Schale fein abreiben, Saft auspressen. Schale und Saft mit Chillies und Sesamöl verrühren und über den Fisch gießen.

2. Auberginen waschen, längs halbieren und quer in ca. 1 cm dicke Scheiben schneiden. Salzen und kurz ziehen lassen. Zwiebel, Ingwer und Knoblauch schälen und würfeln.

3. Auberginenscheiben mit Küchenpapier abtupfen. Wok erhitzen, nach und nach immer wieder etwas Öl hineingeben und die Auberginen darin portionsweise bei starker Hitze anbraten. Jeweils herausnehmen und mit Essig beträufeln.

4. Restliches Öl in den Wok geben. Zwiebel, Ingwer und Knoblauch darin anbraten. Brühe mit den Gewürzen und Sambal oelek verrühren, mit den Auberginen in den Wok geben und heiß werden lassen, warm stellen.

5. Fischfilets aus der Marinade nehmen. Marinade mit 1/4 l Wasser in den Wok geben und aufkochen lassen. Fischfilets auf das Wokgitter legen und zugedeckt ca. 5–8 Min. dämpfen.

6. Nüsse hacken. Petersilie waschen, die Blättchen abzupfen. Auberginengemüse mit den Fischfilets anrichten, mit Nüssen und Petersilie bestreuen.

Schollenröllchen im Spinatmantel

Zutaten für 4 Personen:

Frisch einkaufen:

100 g große Spinatblätter

60 g milder roher Schinken

40 g Walnußkerne

$^1/_2$ Bund Petersilie

4 große Schollenfilets (etwa 500 g) vom Fischhändler oder 1–2 Packungen TK-Schollenfilets

Aus dem Vorrat:

1 Ei

Salz, weißer Pfeffer

$^1/_4$ l Fischfond (aus dem Glas)

100 g Crème fraîche

1–2 EL Zitronensaft

Küchengarn zum Binden

Geschwindigkeitsindikator: ϟ

Arbeitszeit: ca. 45 Min.

Fein und cremig, für Gäste

Pro Portion ca.: 1360 kJ/ · 325 kcal

30 g E · 21 g F · 2 g KH

Experimentieren Sie mal mit diesem Gericht: Lösen Sie Lauchstreifen ab und kochen Sie sie in Salzwasser, bis sie so biegsam sind, daß Sie Fischfiletstreifen aus Ihrem TK-Fach darin einwickeln können. Statt Walnüssen nehmen Sie Kürbiskerne und statt Schinken streichen Sie etwas Sardellenpaste aufs Fischfilet.

1. Den Spinat waschen und entstielen **(Step 1).** In einem breiten Topf reichlich Wasser aufkochen lassen. Topf vom Herd nehmen, Spinat hineingeben und sofort in ein Sieb abgießen, gut abtropfen lassen.

2. Schinken sehr fein würfeln. Walnußkerne fein hacken. Petersilie waschen, die Blättchen ebenfalls fein hacken und mit Schinken und Walnüssen mischen.

3. Schollenfilets kalt abspülen und trockentupfen. Das Ei trennen. Eiweiß in einer Tasse leicht verquirlen, die Filets damit bestreichen und mit etwas Salz und Pfeffer würzen. Schinkenmischung darauf verteilen, die Filets vorsichtig aufrollen.

4. Schollenröllchen jeweils in Spinatblätter einhüllen und vorsichtig mit etwas Küchengarn binden **(Step 2),** dann nebeneinander in einen ausreichend großen Dämpfeinsatz legen oder portionsweise dämpfen.

5. Den Fischfond im Wok aufkochen lassen. Dämpfeinsatz hineinstellen, Schollenröllchen fest zugedeckt bei starker Hitze ca. 5 Min. dämpfen. Herausheben und zugedeckt beiseite stellen.

6. Crème fraîche in den Fond einrühren, die Sauce aufkochen und nach Belieben einkochen lassen. Mit Zitronensaft, Salz und Pfeffer abschmecken. Eigelb gründlich unterrühren, aber nicht mehr kochen lassen. Sauce zu den Röllchen servieren. Dazu schmeckt Reis.

TIP!

Macht die Füllung noch interessanter

Zusätzlich zur Petersilie 2 Zweige Dill waschen und zerkleinern.

1

2

Zutaten für 4 Personen:
Frisch einkaufen:
600 g Fischfilets (z.B. Kabeljau)
4 Frühlingszwiebeln
1 rote Paprikaschote
1 Bund Dill
Aus dem Vorrat:
1 unbehandelte Zitrone
Salz, schwarzer Pfeffer
2 TL Speisestärke
600 g Gurke
6 EL Hühnerbrühe
4 EL Sojasauce
2 TL brauner Zucker oder 1 TL weißer Zucker
6 EL Öl
Geschwindigkeitsindikator:
Arbeitszeit: ca. 25 Min.
Pro Portion ca.: 1275 kJ/ · 305 kcal
31 g E · 15 g F · 13 g KH

Zitronen-Gurken-Fisch

1. Fisch in 2 cm breite Streifen schneiden. Zitronenschale fein abreiben, Saft auspressen. Beides mit Salz, Pfeffer und 1 TL Speisestärke verquirlen und unter den Fisch mischen, kurz kühl stellen.

2. Frühlingszwiebeln waschen, putzen und in ca. 1 cm dicke Scheiben schneiden. Paprikaschote waschen, putzen und in feine Streifen schneiden. Gurken schälen, längs halbieren und entkernen. In ca. 5 cm lange und $^1/_2$ cm breite Streifen schneiden.

TIPS!

Aus dem Vorrat
Statt Frühlingszwiebeln normale Zwiebeln fein schneiden, statt Paprika 1 große Möhre hobeln. Fisch und Dill kommen aus der TK-Packung.

3. Brühe mit Sojasauce, Zucker und 1 TL Speisestärke verrühren. Fisch trockentupfen, Marinade mit der Sauce verrühren.

4. Wok erhitzen, nach und nach 4 EL Öl hineingeben. Fisch darin portionsweise in 2–4 Min. unter vorsichtigem Rühren braten. Beiseite stellen.

5. Restliche 2 EL Öl in den Wok geben, Paprika- und Gurkenstreifen darin ca. 2 Min. unter Rühren braten. Frühlingszwiebeln ca. 1 Min. mitbraten. Sauce angießen, aufkochen lassen. Fisch untermischen, neben dem Herd zugedeckt ca. 2 Min. ziehen lassen. Salzen und pfeffern.

6. Dill waschen, Spitzen abzupfen. Über den Fisch streuen.

Zutaten für 2 Personen:
Frisch einkaufen:
1 küchenfertige Brasse (etwa 500 g), ersatzweise 2 Forellen
2 walnußgroße Stücke frischer Ingwer
1 Frühlingszwiebel
5–6 Zweige Petersilie
Aus dem Vorrat:
Salz
2 EL Sojasauce
2 TL Sesamöl
Geschwindigkeitsindikator:
Arbeitszeit: ca. 15 Min.
Ganz einfach und schnell
Pro Portion ca.: 1065 kJ/ · 255 kcal
32 g E · 13 g F · 3 g KH

Brasse mit Ingwer

1. Brasse waschen und trockentupfen. Mit einem scharfen Messer auf beiden Seiten drei- bis viermal schräg einschneiden.

2. Ingwer schälen und sehr fein hacken. Brasse leicht salzen, Ingwer in die Einschnitte und in die Bauchhöhle geben. Brasse in den Dämpfeinsatz geben.

3. Im Wok $^1/_2$ l Wasser zum Kochen bringen. Brasse darin zugedeckt 8–10 Min. dämpfen.

4. Frühlingszwiebel waschen, putzen und in feine Streifen schneiden. Petersilie waschen, Blättchen hacken.

5. Brasse mit Sojasauce und Sesamöl beträufeln, mit Frühlingszwiebelstreifen und Petersilie bestreuen.

TIPS!

Aus dem Vorrat
Zwiebeln statt Frühlingszwiebeln, Ingwerpulver statt frischem Ingwer und TK-Petersilie nehmen.

Fisch in Erdnußsauce

Zutaten für 4 Personen:
Frisch einkaufen:
4 große Kabeljaukoteletts (je etwa 200 g)
1/2 Bund Petersilie
Aus dem Vorrat:
2 EL Zitronensaft
Salz, schwarzer Pfeffer
60 g Erdnußcreme
2 EL Sojasauce
150 g ungesüßte Kokosmilch (Dose)
100 ml Fischfond
3 EL Öl
1/2 Salatgurke (etwa 300 g)
300 g Tomaten
2–3 Tropfen Tabascosauce
Geschwindigkeitsindikator:
Arbeitszeit: ca. 20 Min.
Schnell und einfach für jeden Tag
Pro Portion ca.: 1550 kJ/ · 370 kcal
56 g E · 14 g F · 6 g KH

1. Fisch von beiden Seiten mit Zitronensaft einreiben und mit Salz und Pfeffer würzen.

2. Erdnußcreme mit Sojasauce, Kokosmilch und Fond verquirlen, mit Salz und Tabasco würzen. Petersilie waschen, Blättchen bis auf einige zum Garnieren fein hacken.

TIPS!

Aus dem Vorrat
TK-Fischfilet nehmen und TK-Petersilie. Statt der Kokosmilch 75 g Kokoscreme hacken und in 75 ml kochendem Wasser auflösen.

3. Wok erhitzen, Öl hineingeben. Fisch trockentupfen und bei mittlerer Hitze pro Seite 1–3 Min. braten. Warm stellen.

4. Erdnußsauce im Wok einmal aufkochen lassen. Fisch hineinlegen, mit Petersilie bestreuen und zugedeckt bei schwacher Hitze ca. 2 Min. ziehen lassen.

5. Gurke und Tomaten waschen, in Scheiben schneiden. Fisch mit der Sauce anrichten, Gurken und Tomaten dazulegen, mit der übrigen Petersilie bestreuen.

Fischcurry

Zutaten für 4 Personen:
Frisch einkaufen:
800 g Fischfilets (z.B. Heilbutt, Kabeljau oder Seelachs)
1 gut walnußgroßes Stück frischer Ingwer
2 frische rote Chilischoten
1 Süßkartoffel (etwa 300 g)
250 g Zucchini
1 Bund Petersilie
Aus dem Vorrat:
3 EL Öl, 1 EL Zitronensaft
2 EL Sojasauce, 1 Stange Lauch
1 Stück Zitronenschale
1 EL brauner Zucker
1 Dose ungesüßte Kokosmilch (400 g)
2 EL süße Sojasauce (Ketjap manis)
3 TL Currypulver
Geschwindigkeitsindikator:
Arbeitszeit: ca. 20 Min.
Raffiniertes aus Asien
Pro Portion ca.: 1150 kJ/ · 275 kcal
38 g E · 7 g F · 17 g KH

1. Fisch in ca. 5 cm große Stücke schneiden. Wok erhitzen, Öl hineingeben. Fisch darin 2–3 Min. braten. Herausnehmen, mit Zitronensaft und Sojasauce beträufeln.

2. Ingwer schälen und würfeln. Chilischoten entkernen und in Streifen schneiden. Süßkartoffel schälen und in ca. 2 cm große Würfel schneiden. Lauch putzen, waschen und in ca. 2 cm dicke Scheiben schneiden. Zucchini waschen und in ca. 1 cm breite Scheiben schneiden. Zitronenschale in Streifen schneiden.

3. Zucker mit 200 ml Wasser im Wok bei starker Hitze auflösen. Ingwer, Chillies, Süßkartoffel und Zucchini darin unter Rühren kurz dünsten. Kokosmilch, süße Sojasauce und Curry dazugeben, ca. 10 Min. köcheln lassen. Lauch untermischen und ca. 2 Min. ziehen lassen. Fisch untermischen und warm werden lassen.

4. Petersilie waschen, die Blättchen abzupfen und über das Fischcurry streuen.

TIPS!

Aus dem Vorrat
TK-Fischfilets, Kartoffeln und Gurken nehmen.

Der besondere Kick für Gäste
Gemüsepapaya statt Zucchini, grüne Currypaste statt Currypulver und Koriandergrün statt Petersilie nehmen.

Rotbarben im Wirsingblatt

Zutaten für 4 Personen:
Frisch einkaufen:
4 kleine Rotbarben, ersatzweise 4 kleine Forellen
2 gut walnußgroße Stücke frischer Ingwer
1 frische grüne Chilischote
4 große grüne Wirsingblätter
$^1/_2$ Bund Basilikum
Aus dem Vorrat:
Salz
1 Stengel Zitronengras
3 EL Sherry
6 EL Sojasauce
1 TL Sesamöl
1 großes Stück unbehandelte Zitronenschale
2 EL brauner Zucker
Geschwindigkeitsindikator:
Arbeitszeit: ca. 40 Min.
Raffiniertes für Gäste
Pro Portion ca.: 900 kJ/ · 215 kcal
31 g E · 5 g F · 9 g KH

TIPS!

Aus dem Vorrat
Nehmen Sie das Fischfilet, das Sie im Tiefkühlfach haben. Und Lauchblätter statt Wirsingblätter und statt Basilikum mischen Sie TK-Kräuter, z.B. Petersilie, unter die Sauce. Sie können das Zitronengras auch durch Zitronenschale ersetzen.

Der besondere Kick für Gäste
Statt Basilikum thailändisches Basilikum oder Koriandergrün nehmen.

Rotbarben sind besonders aromatisch. Sie bekommen sie frisch beim Fischhändler, aber auch aus der Kühltruhe.

1. Die Rotbarben innen und außen gründlich waschen und trockentupfen. Mit etwas Salz einreiben. 1 haselnußgroßes Stück Ingwer schälen und in feine Streifen schneiden. Zitronengras waschen und in kleine Stücke schneiden **(Step 1).** Chilischote waschen, entkernen und klein würfeln.

2. 1 EL Sherry mit 2 EL Sojasauce und Sesamöl verrühren, Ingwer, Zitronengras und Chillie untermischen und die Rotbarben innen und außen damit bestreichen.

3. Zitronenschale in feine Streifen schneiden. Wirsingblätter in kochendem Wasser kurz blanchieren, bis sie biegsam sind. Kalt abschrecken und die harten Blattrippen etwas flacher schneiden **(Step 2).** Rotbarben abtropfen lassen und jeweils auf ein Wirsingblatt legen. Zitronenschale auf die Fische streuen **(Step 3).** Wirsingblätter über den Fischen zusammenfalten.

4. Übrige Marinade durch ein Sieb gießen und mit $^1/_2$ l Wasser im Wok erhitzen. Päckchen in ein Dämpfkörbchen legen und zugedeckt über dem heißen Dampf 10–15 Min. dämpfen.

5. Inzwischen restlichen Ingwer schälen und klein würfeln. Zucker mit 100 ml Wasser bei starker Hitze sirupartig einkochen lassen. Ingwer, 4 EL Sojasauce und 2 EL Sherry dazugeben. Basilikum waschen, die Blättchen fein schneiden und untermischen. Rotbarben damit servieren.

1

2

3

Gedämpfte Forellen

Zutaten für 4 Personen:
Frisch einkaufen:
4 kleine küchenfertige Forellen
1 Bund Petersilie
600 g Zuccchini
Aus dem Vorrat:
4 EL Zitronensaft
Salz, weißer Pfeffer
1 TL getrockneter Oregano
250–400 ml Fischfond (aus dem Glas)
125 g Doppelrahmfrischkäse
Geschwindigkeitsindikator: ϟϟϟ
Arbeitszeit: ca. 15 Min.
Preiswert und ganz einfach
Pro Portion ca.: 1130 kJ/ · 270 kcal
33 g E · 13 g F · 6 g KH

1. Forellen kalt abspülen und trockentupfen, innen und außen mit Zitronensaft beträufeln, salzen und pfeffern. Petersilie waschen, jeweils 1 Zweig mit etwas Oregano in die Forellen legen.

2. Restliche Petersilienblättchen hacken. Zucchini waschen und grob raspeln. Mit der Petersilie mischen.

3. Etwa $^1/_4$ l Fischfond im Wok aufkochen lassen. Forellen nebeneinander auf einen hitzefesten Teller legen oder auf dem Dämpfkörbchen in den Wok stellen (S. 114). Forellen zugedeckt ca. 8 Min. dämpfen.

4. Dann zugedeckt warm halten. Zucchini-Petersilien-Mischung und Frischkäse in den Wok geben und unter Rühren bei starker Hitze ca. 3 Min. kochen lassen. Eventuell noch etwas Fischfond angießen. Gemüse salzen, pfeffern und zu den Forellen servieren.

TIPS!

Aus dem Vorrat
TK-Forellen und -Petersilie nehmen, statt Frischkäse Crème fraîche oder Sahne nehmen, Zucchini durch geraspelte Möhren ersetzen.

Der besondere Kick für Gäste
Statt Petersilie frischen Estragon nehmen und eventuell den getrockneten Oregano durch frischen ersetzen.

Fischfilets in Dillsahne

Zutaten für 4 Personen:
Frisch einkaufen:
4 Stücke Lachsforellenfilet (je etwa 150 g) oder Lachsfilet
200 g Spinat
1 Bund Dill
Aus dem Vorrat:
4 EL Zitronensaft
Salz, weißer Pfeffer
$^1/_4$ l trockener Weißwein oder Fischfond
150 g Crème fraîche
Geschwindigkeitsindikator: ϟϟϟ
Arbeitszeit: ca. 20 Min.
Prima für Überraschungsbesuch
Pro Portion ca.: 1550 kJ/ · 370 kcal
32 g E · 20 g F · 4 g KH

1. Fischfilets mit Zitronensaft einreiben, salzen und pfeffern.

2. Spinat verlesen, gut waschen und die groben Stiele ablösen. Die Spinatblätter auf einen Dämpfeinsatz (S. 114) legen. Fischfilets nebeneinander darauf legen.

3. Wein oder Fischfond im Wok zum Kochen bringen. Fisch hineinstellen und zugedeckt ca. 4–6 Min. dämpfen.

4. Inzwischen Dill waschen, fein hacken. Fisch aus dem Wok nehmen und warm stellen.

5. Crème fraîche und Dill in den Dämpfsud geben und bei starker Hitze auf die Hälfte einkochen lassen. Mit Salz und Pfeffer abschmecken und mit Fisch und Spinat anrichten.

TIPS!

Aus dem Vorrat
TK-Fisch (am besten Lachsfilet), TK-Blatt-Spinat und tiefgefrorenen Dill nehmen.

Zutaten für 4 Personen:

Frisch einkaufen:

2 kleine ganze oder 1 großer ganzer Fisch (etwa 1 kg , z.B. Schellfisch)

150 g Salat-Mayonnaise

100 g Joghurt

4 frische rote Chilischoten

1 Bund Petersilie

Aus dem Vorrat:

2 unbehandelte Zitronen

1 TL Senf (möglichst mittelscharf)

Salz, schwarzer Pfeffer

1 Knoblauchzehe

400 ml Fischfond

200 ml Hühnerbrühe

1 Zwiebel

Geschwindigkeitsindikator:

Arbeitszeit: ca. 25 Min.

Würzig-pikant

Pro Portion ca.: 2300 kJ/ · 550 kcal

42 g E · 38 g F · 14 g KH

Fisch mit Chili-Mayo

1. Fisch auf beiden Seiten im Abstand von 2–3 cm leicht schräg einschneiden. Zitronenschale dünn abschneiden. 1 Zitrone auspressen. Den Fisch mit 2 EL Saft beträufeln.

2. Mayonnaise mit Joghurt, Senf, 1 EL Zitronensaft, Salz und Pfeffer verrühren. Knoblauch schälen und dazudrücken. 1 Chilischote entkernen und fein würfeln. Petersilie waschen, die Hälfte fein hacken. Mit dem Chillie unter die Mayonnaise mischen.

3. Fond und Brühe im Wok erhitzen. Zwiebel schälen, mit der übrigen Zitrone in Scheiben schneiden und hinzufügen. Zitronenschale, übrige Chilischoten und Petersilie im Sud ca. 5 Min. kochen lassen. Fisch einlegen und bei schwacher Hitze zugedeckt 10–15 Min. ziehen lassen. Mit Chili-Mayo servieren.

TIPS!

Aus dem Vorrat
TK-Forellen, TK-Petersilie und getrockneten Chillie.

Der besondere Kick für Gäste
Statt Zitronen 2 Limetten nehmen, die Zitronenschale durch Zitronengras und Zitronenblätter ersetzen.

Zutaten für 4 Personen:

Frisch einkaufen:

700 g Karpfenfilet mit Haut (ersatzweise anderes Fischfilet)

4 Frühlingszwiebeln

1 walnußgroßes Stück frischer Ingwer

150 g Knollensellerie

300 g Champignons

1 Bund Schnittlauch

Aus dem Vorrat:

Salz, Pfeffer

3 EL Zitronensaft

3 Knoblauchzehen

4 Möhren, 5 EL Öl

4 EL Sherry, 5 EL Sojasauce

200 ml Fischfond

Geschwindigkeitsindikator:

Arbeitszeit: ca. 25 Min.

Pro Portion ca.: 1630 kJ/ · 390 kcal

38 g E · 20 g F · 12 g KH

Karpfen auf Gemüse

In vielen Supermärkten gibt es tiefgekühlten Karpfen – besonders um die Weihnachtszeit.

1. Fischfilet in mundgerechte Stücke schneiden. Mit Salz, Pfeffer und Zitronensaft würzen.

2. Frühlingszwiebeln waschen, putzen und in Scheiben schneiden. Knoblauch, Ingwer, Möhren und Sellerie schälen. Knoblauch und Ingwer hacken, Möhren und Sellerie in feine Streifen schneiden. Champignons putzen und in Scheiben schneiden.

3. Wok erhitzen, Öl hineingeben. Fischstücke auf der Hautseite ca. 2 Min. braten, herausheben und beiseite stellen.

4. Im verbliebenen Bratfett Möhren und Sellerie anbraten. Frühlingszwiebeln, Knoblauch, Ingwer und Pilze unter Rühren 1–2 Min. mitbraten. Mit Sherry, Sojasauce und Fischfond ablöschen.

5. Karpfenstücke mit der Fleischseite auf dem Gemüse verteilen, zugedeckt bei schwacher Hitze ca. 2–4 Min. dünsten. Schnittlauch waschen, in Röllchen schneiden und darüber streuen.
Dazu schmecken Salzkartoffeln oder Reis.

Umhüllte Garnelen mit Dip

Zutaten für 4 Personen:
Frisch einkaufen:
20 geschälte rohe oder gegarte Riesengarnelen (etwa 250 g)
1–2 Frühlingszwiebeln
Aus dem Vorrat:
1 kleine Dose geschälte Tomaten (400 g)
1 EL Zucker
3 EL milder Essig
5 EL Sojasauce
schwarzer Pfeffer, Salz
2 Eiweiße
70 g dünne Reisnudeln
1 l Öl zum Fritieren
Geschwindigkeitsindikator:
Arbeitszeit: ca. 30 Min.
Feine Vorspeise oder Zwischengericht
Pro Portion ca.: 900 kJ/ · 215 kcal
19 g E · 7 g F · 21 g KH

Raffiniert und ganz einfach zugleich – genau das richtige »Verwöhngericht« für Familie, Feste, Gäste. Denn damit macht man auch unvergeßlichen Eindruck.

1. Für die Sauce die Tomaten mit dem Saft durch ein Sieb in einen Topf streichen **(Step 1).** Mit dem Zucker würzen, offen bei starker Hitze dicklich einkochen, dabei häufig rühren.

2. Essig, Sojasauce und Pfeffer dazugeben, Sauce bei schwacher Hitze warm halten.

3. Rohe Riesengarnelen am Rücken aufschlitzen, den dunklen Darm mit einem spitzen Messer entfernen **(Step 2).** Garnelen kurz kalt abspülen, mit Küchenpapier trockentupfen, leicht salzen und pfeffern.

4. Die Eiweiße auf einem Teller verquirlen. Reisnudeln mit den Händen oder mit dem Nudelholz fein zerdrücken **(Step 3)** und auf einen anderen Teller geben. Die Garnelen erst im Eiweiß, dann in den zerbröselten Nudeln wenden. Frühlingszwiebeln waschen, putzen und schräg in sehr feine Ringe schneiden.

5. Das Öl zum Fritieren im Wok gut erhitzen (S. 114). Die Garnelen portionsweise im heißen Öl unter mehrmaligem Wenden ca. 2 Min. fritieren. Mit einem Schaumlöffel herausheben und auf Küchenpapier abtropfen lassen. Garnelen mit dem Dip anrichten, mit den Frühlingszwiebeln bestreut servieren.

1

2

3

TIPS!

Aus dem Vorrat
Garnelen aus der Tiefkühltruhe nehmen. Statt Frühlingszwiebeln etwas Lauch ganz fein hacken.

Der besondere Kick für Gäste
Unter die Sauce noch 2 EL Reiswein rühren, Reisessig zum Abschmecken nehmen.

Preiswerte Variante
Reisnudeln mit Eiweiß vermischt und fritiert schmecken auch ohne die Garnelen gut. Sie sind leicht und wunderbar knusprig. Dazu einfach einige fertiggekaufte oder nach den Rezepten auf Seite 115 selbstgemachte Saucen servieren.

Garnelen mit Zuckerschoten

Zutaten für 4 Personen:
Frisch einkaufen:
ca. 400 g geschälte gegarte Garnelen (2 TK-Pakete)
1 gut walnußgroßes Stück frischer Ingwer
200 g Zuckerschoten, ersatzweise Erbsen
4 Stangen Sellerie
250 g frische Sojasprossen
Aus dem Vorrat:
1 unbehandelte Zitrone
Salz, schwarzer Pfeffer
2 Knoblauchzehen
1/4 l Hühnerfond
4–6 EL Sojasauce
2 EL Sherry, 2 TL Zucker
3 TL Speisestärke, 5 EL Öl
Geschwindigkeitsindikator:
Arbeitszeit: ca. 40 Min.
Edel, für Gäste
Pro Portion ca.: 1985 kJ/ · 475 kcal
53 g E · 22 g F · 71 g KH

1. Garnelen kurz kalt abbrausen. Zitronenschale fein abreiben, 3 EL Saft auspressen. Beides mit Salz und Pfeffer unter die Garnelen mischen.

2. Knoblauch und Ingwer schälen und fein würfeln. Zuckerschoten waschen und putzen. Sellerie waschen, putzen und in dünne Scheiben schneiden. Sprossen waschen.

3. Hühnerfond mit Sojasauce, Sherry, Zucker und Speisestärke verquirlen. Garnelen abtropfen lassen, Marinade unter die Sauce mischen.

4. Wok erhitzen, 2 EL Öl hineingeben. Zuckerschoten portionsweise ca. 2 Min. unter Rühren braten, bis sie leuchtend grün sind. Herausnehmen. Knoblauch und Ingwer kurz im Wok anrösten.

5. 3 EL Öl erhitzen, Sellerie darin ca. 2 Min. braten. Sprossen ca. 1 Min. mitbraten. Garnelen und Zuckerschoten dazugeben. Sauce angießen und 1–2 Min. köcheln lassen. Mit Salz und Pfeffer würzen.

TIPS!

Aus dem Vorrat
Selleriestangen weglassen, Sprossen aus dem Glas nehmen und mit Ingwerpulver würzen.

Frühlingsrollen mit Garnelen

Zutaten für 4 Personen:
Frisch einkaufen:
8 TK-Frühlingsrollen-Teigplatten (21 x 21 cm groß)
200 g geschälte gegarte Garnelen
100 g Chicorée, Fenchel oder frische Sojasprossen
2 Frühlingszwiebeln
Aus dem Vorrat:
1 Knoblauchzehe
2 EL Öl
3 EL Sojasauce
Pfeffer
750 ml Öl zum Fritieren
Geschwindigkeitsindikator:
Arbeitszeit: ca. 35 Min.
Feine Vorspeise oder Zwischengericht
Pro Portion ca.: 1190 kJ/ · 285 kcal
14 g E · 11 g F · 34 g KH

1. Teigplatten unter einem Tuch in ca. 20 Min. auftauen lassen.

2. Garnelen und evtl. Sprossen kalt abbrausen und abtropfen lassen. Chicorée bzw. Fenchel und Frühlingszwiebeln waschen und putzen. Sehr fein hacken. Knoblauch schälen, hacken.

3. Wok erhitzen, 2 EL Öl hineingeben. Frühlingszwiebeln und Knoblauch darin kurz anbraten. Garnelen, Chicorée, Fenchel oder Sprossen mit Sojasauce und Pfeffer ca. 1/2 Min. braten.

4. Jeweils 1 EL abgekühlte Füllung auf die Teigplatten geben. Platten zu kleinen Rollen aufwickeln, dabei die Ränder einschlagen. Kanten gut andrücken.

5. Öl zum Fritieren im Wok erhitzen. Frühlingsrollen darin portionsweise in 3–4 Min. goldbraun ausbacken. Herausheben.

TIPS!

Aus dem Vorrat
TK-Garnelen und Sprossen aus dem Glas nehmen, Chicorée weglassen.

Der besondere Kick für Gäste
Schmeckt auch toll, wenn Sie 1/2 Bund gehackten Rucola untermischen.

Garnelen mit Minze

Zutaten für 4 Personen:
Frisch einkaufen:
1 walnußgroßes Stück frischer Ingwer
1 frische grüne Chilischote
300 g frische Sojasprossen
400 g geschälte rohe Garnelen
1–2 Zweige frische Minze
Aus dem Vorrat:
1 Zwiebel
3 Knoblauchzehen
4 EL Öl
Salz, Pfeffer
1 EL Zitronensaft
4 EL Weißwein oder Fischfond
2 EL Sojasauce
Geschwindigkeitsindikator: ⚡⚡⚡
Arbeitszeit: ca. 20 Min.
Raffiniert und würzig
Pro Portion ca.: 920 kJ/ · 220 kcal
23 g E · 10 g F · 6 g KH

1. Zwiebel, Knoblauch und Ingwer schälen, klein würfeln. Chilischote waschen, entkernen und fein hacken. Sprossen waschen.

2. Garnelen der Länge nach durchschneiden, den dunklen Darm entfernen. Garnelen kalt abspülen und trockentupfen. Minzeblätter abzupfen und in Streifen schneiden.

3. Wok erhitzen, 3 EL Öl hineingeben. Garnelen darin von beiden Seiten kurz anbraten. Zwiebel, Knoblauch, Ingwer und Chillie dazugeben. Unter Rühren 1–3 Min. braten, bis sich die Garnelen rosa färben. Mit Salz, Pfeffer und Zitronensaft würzen, herausnehmen.

4. Restlichen EL Öl in den Wok geben. Sprossen und Minze darin 1–2 Min. braten. Garnelen wieder untermischen, mit Wein und Sojasauce würzen.

TIPS!

Aus dem Vorrat
TK-Garnelen, Sprossen aus dem Glas, TK-Kräuter, Ingwerpulver nehmen. Für Schärfe sorgt getrocknete Chilischote.

Der besondere Kick für Gäste
Statt der Zwiebel 3 Schalotten, Limetten- statt Zitronensaft und Austernsauce statt Sojasauce nehmen. Sie können auch mal 300 g Broccoli in Scheiben schneiden, statt der Sprossen. Dann erst knackig-bißfest garen.

Gefüllte Miesmuscheln

Zutaten für 4 Personen:
Frisch einkaufen:
1 kg möglichst große Miesmuscheln (etwa 24 Stück, vom Fischhändler geputzt), ersatzweise TK-Muscheln mit Schale
1 walnußgroßes Stück frischer Ingwer
500 g Fischfilet (z.B. Seelachs)
$^{1}/_{2}$ Bund Basilikum
2 frische rote Chilischoten
Aus dem Vorrat:
$^{1}/_{4}$ l trockener Weißwein
2 Lorbeerblätter
1 Zwiebel, 1 Knoblauchzehe
2 EL Öl, 2 EL Zitronensaft
1 Eiweiß, 1 EL Crème fraîche
Salz, Pfeffer
Geschwindigkeitsindikator: ⚡
Arbeitszeit: ca. 1 Std.
Prima zum Vorbereiten
Pro Portion ca.: 960 kJ/ · 230 kcal
28 g E · 7 g F · 3 g KH

1. Muscheln gründlich unter fließendem Wasser abbürsten, dabei eventuell auch die Bartfasern entfernen. Geöffnete Muscheln wegwerfen. Sie sind verdorben! Wein mit etwas Wasser und Lorbeerblättern aufkochen. Muscheln darin 3–5 Min. zugedeckt kochen, bis sie sich öffnen. Jetzt noch geschlossene Muscheln wegwerfen – auch sie sind »verdächtig«. Muscheln abkühlen lassen.

2. Zwiebel, Knoblauch und Ingwer schälen und würfeln. Wok erhitzen, Öl hineingeben. Zwiebel, Knoblauch und Ingwer darin ca. 1 Min. unter Rühren braten, herausnehmen.

3. Fischfilet grob zerschneiden. Mit Zitronensaft, Eiweiß, Crème fraîche und Basilikum pürieren. Zwiebelmischung untermischen, salzen und pfeffern.

4. Chilischoten waschen, entkernen und in lange Streifen schneiden. Muschelschalen trennen, die Schalen mit dem Muschelfleisch gleichmäßig mit Fischfarce bestreichen. Jeweils kreuzweise mit 2 Chilistreifen belegen und in einen großen Dämpfeinsatz legen (S. 114).

5. Im Wok 3 cm hoch Wasser zum Kochen bringen. Muscheln portionsweise zugedeckt je 3–5 Min. dämpfen.

Tintenfischringe mit Avocadodip

Zutaten für 4 Personen:
Frisch einkaufen:
4 geputzte Tintenfischbeutel (etwa 600 g)
2 Avocados
2 Zweige Petersilie
Aus dem Vorrat:
1 gestrichener TL Speisestärke
3 EL Sojasauce
2 EL milder Essig
1/2 unbehandelte Zitrone
Salz, weißer Pfeffer
750 ml Öl zum Fritieren
Geschwindigkeitsindikator: ϟϟϟ
Arbeitszeit: ca. 20 Min.
Supereinfach und schnell gemacht
Pro Portion ca.: 1380 kJ/ · 330 kcal
26 g E · 20 g F · 13 g KH

1. Tintenfisch gründlich waschen, trockentupfen und in ca. 1/2 cm breite Ringe schneiden. Speisestärke mit Sojasauce verrühren und unter die Tintenfischringe mengen.

2. Avocados halbieren, entkernen und mit einem Löffel aus den Schalen lösen. Mit dem Essig im Mixer fein pürieren. Zitronenschale fein abreiben, Saft auspressen. Petersilie waschen, die Blättchen fein schneiden. Mit Zitronenschale und -saft unter das Avocadopüree mischen, mit Salz und Pfeffer abschmecken. Bis zum Servieren kühl stellen.

3. Öl zum Fritieren im Wok erhitzen. Tintenfischringe auf Küchenpapier abtropfen lassen und portionsweise im heißen Öl 2–3 Min. fritieren. Herausheben und mit dem Avocadodip servieren.

TIPS!

Aus dem Vorrat
300 g TK-Erbsen kochen, abtropfen lassen, pürieren und mit TK-Petersilie und den anderen Püree-Zutaten zu einer raffinierten Sauce rühren.

Der besondere Kick für Gäste
Austernsauce statt Sojasauce, Reisessig statt mildem Essig, Limette statt Zitrone und Minze statt Petersilie.

Tintenfisch mit Zucchini

Zutaten für 4 Personen:
Frisch einkaufen:
500 g küchenfertige Calamares (frisch oder tiefgekühlt und aufgetaut)
4 kleine Zucchini
3 rote Zwiebeln
Aus dem Vorrat:
5 EL Olivenöl
schwarzer Pfeffer
2 Knoblauchzehen
1/2 unbehandelte Zitrone
200 ml Fischfond (aus dem Glas)
1 gestrichener TL Speisestärke
Salz
Geschwindigkeitsindikator: ϟ
Arbeitszeit: ca. 40 Min.
Marinierzeit: 1–2 Std.
Pro Portion ca.: 985 kJ/ · 235 kcal
22 g E · 12 g F · 10 g KH

1. Calamares samt Fangarmen in feine Ringe schneiden. 2 EL Öl mit Pfeffer verquirlen, den Knoblauch schälen und dazupressen. Calamares darin 1–2 Std. marinieren.

2. Zucchini waschen, längs halbieren, dann in ca. 1/2 cm dicke Scheiben schneiden. Zwiebeln schälen und in feine Streifen schneiden.

3. Zitronenschale fein abreiben, Saft auspressen. Beides mit dem Fond und der Speisestärke verquirlen.

4. Wok erhitzen, 3 EL Öl hineingeben. Zucchini und Zwiebeln darin ca. 2 Min. unter Rühren braten, an den Rand schieben. Calamares 1–2 Min. in der Wokmitte braten. Fond angießen, unter Rühren 1–2 Min. kochen lassen. Salzen und pfeffern.

TIPS!

Wer keine unpanierten Calamares bekommt, kann auch panierte TK-Ringe nehmen. Diese in 5 EL Öl knusprig braten, dann mit dem Gemüse servieren.

Mini-Know-How

Wichtiges vorweg fürs Garen im Wok

Der Wok, das wohl beliebteste Universalkochgerät, eignet sich für fast alle Garmethoden: »Pfannenrühren«, d. h. Braten, aber auch Schmoren, Dämpfen, Fritieren und »normales« Kochen gelingen darin perfekt. Das liegt an seiner tiefen, halbrunden Form, durch die Hitze optimal verteilt wird. Kaufen Sie lieber einen hochwertigen Wok als Billigimporte aus Asien. Es gibt sie z. B. aus stabilem Gußeisen, innen kratzfest emailliert oder in leichterer Version aus isolierendem Mehrschichtmaterial. Sie sind klein oder groß, je nachdem wie viele am Wokvergnügen teilnehmen.
Ganz wichtig fürs Pfannenrühren: Zuerst wird der trockene Wok erhitzt, dann eine kleine Menge Öl hineingegeben. Darin brät man die vorher kleingeschnittenen Zutaten unter ständigem Rühren. Dabei immer mit den Zutaten beginnen, die die längste Garzeit haben. In Minutenschnelle ist alles fertig. Um größere Portionen heiß zu halten, können Sie sie bei Tisch auf einen Rechaud stellen. Viele Woks können Sie bereits mit dazu passenden Rechauds kaufen.

Dämpfen

Hier garen die Zutaten im vorbeiströmenden heißen Dampf und behalten Aroma, Biß und Farbe. Gedämpft wird in einem Siebeinsatz, einem flexiblen Metalleinsatz oder einem Bambuskörbchen. Wer nichts davon hat, kann gut improvisieren: Die Zutaten auf einen Teller legen und auf eine umgedrehte Tasse in den Wok stellen **(Step 1)**. Wasser oder Sud in den Wok gießen, aufkochen lassen und mit einem gut passenden Deckel verschließen. Bei mittlerer Hitze garen.

Fritieren

Ausbacken kann man Zutaten pur oder umhüllt von Teig oder Panade. Die Hitze verschließt die Oberfläche sofort, außen entsteht eine knusprige Hülle, innen bleibt alles saftig. Geschmacksneutrales Fett (bis 200° erhitzbar) im Wok heiß werden lassen. Die richtige Temperatur von 180° ist erreicht, wenn an einem hineingehaltenen Holzlöffelstiel viele kleine Blasen aufzusteigen beginnen **(Step 2)**. Die Zutaten portionsweise hineingeben und während des Ausbackens bewegen und wenden, damit sie gleichmäßig bräunen. Fritiertes herausheben, abtropfen lassen. Ein dekorativer Gag fürs Kochen mit Gästen: kurz fritierte Glasnudeln **(Step 3)**. Dazu trockene Glasnudeln ins heiße Öl geben – in Sekundenschnelle gehen sie auf, werden weiß und knusprig. Gut zu Gemüse und Fisch.

1 2 3

Allround-Vorratsliste für Spontan-Woks

Mit diesen Lebensmitteln können Sie viele Gerichte in diesem Buch im Handumdrehen zubereiten:

Gewürze und Kräuter: Cayennepfeffer, Chinagewürz, Curry, Ingwerpulver, Kardamompulver, Korianderpulver, Kräuter, Kreuzkümmelpulver, Kurkumapulver, Lorbeerblätter, Oregano, Paprikapulver (edelsüß und rosenscharf), Pfeffer, Rosmarin, Safran, Sambal oelek, Thymian, Zimt
Saucen und Fonds: Chilisauce, Fischfond (Glas), Fischsauce (nach Belieben), Geflügelfond (Glas) oder Geflügelbrühe (Paste oder Streugewürz), Gemüsebrühe (Streugewürz aus dem Glas), Rinderfond oder Fleischbrühe im Würfel oder als Streugewürz, Sojasauce, Tomatenketchup
Dosen und/oder Glas: Ananas, Kichererbsen, Kidneybohnen, Kokosmilch (ungesüßt), Maiskölbchen, Maiskörner, Sojasprossen, Thunfisch, Tomaten (geschält)
TK-Ware: Putenfleisch oder Hühnerfilet, Fischfilet, Garnelen, Gemüse (z. B. Blattspinat, Broccoli, Erbsen, Mischgemüse), Kräuter (z. B. gemischte Kräuter, Petersilie, Dill)
Im Eisschrank: Eier, Erdnußcreme, Sardellenpaste, Crème fraîche, Tomaten (getrocknet in Öl), Senf
Im Gemüsefach oder -korb: Knoblauch, Zitronen, Zwiebeln, Möhren, Lauch, Kartoffeln, Tomaten, Gurken
Vorräte im Schrank: Essig (mild), Erdnüsse, Honig, Kürbiskerne, Linsen (rote), Mandeln (gehackt), Mehl, Öl zum Braten und Fritieren, Pilze (getrocknet), Pinienkerne, Rosinen, Basmatireis, Rundkornreis, Semmelbrösel, Sesamöl, Sesamsamen, Sherry, Sonnenblumenkerne, Speisestärke, Tomaten (passiert, im Tetrapack), Zucker, brauner Zucker

Asien-Vorratsliste

Einmal kaufen, immer da! Das hält »ewig«:

Bambussprossen: Dose
Chilischoten: getrocknete kaufen oder frische einfrieren. Auch die Piri-Piri (im Glas, Supermarkt) halten sehr lange
Currypasten: halten sich angebrochen im Kühlschrank monatelang. Siehe Würzsaucen
Garam Masala: indische Gewürzmischung nach Gusto
Getrocknete Pilze: z. B. Mu-Err- oder Tongku-Pilze
Kokosmilch (ungesüßt): flüssig in Dosen oder konzentriert als feste Creme am Stück
Nudeln: je nach Gusto z. B. Glasnudeln, Reisnudeln, Eiernudeln
Reis: Basmatireis muß einfach sein! Asienfans lagern evtl. noch Duftreis
Würzsaucen: siehe rechts, mittlere und rechte Spalte, nach Gusto
Zitronenblätter: frische waschen, abtrocknen und einfrieren
Zitronengras: gibt es getrocknet zu kaufen. Besser: frisches putzen, kleinhacken und einfrieren **(Step 4)**

Wichtige Zutaten

Öle

Für das Pfannenrühren, Schmoren und Fritieren im Wok brauchen Sie eigentlich nur geschmacksneutrales und hoch erhitzbares Öl, das wegen dieser Eigenschaften besonders gut geeignet ist. Am besten sind raffiniertes Sonnenblumen-, Oliven-, Maiskeimöl oder Sojaöl. Für den besonderen Kick können Sie sich nach und nach nussiges Sesamöl oder superscharfes Chiliöl zulegen.

Fertige Würzsaucen

Die überall erhältliche Sojasauce ist die wichtigste Würze für alle Wok-Gerichte und reicht eigentlich als Grundausstattung. Sogenannte »helle« Sojasaucen schmecken milder als die dunklen Sorten. Ketjap manis ist eine dunkle, leicht süßliche Sojasauce. Wer sich so richtig ins Wok-Thema »hineingekocht« hat, kann sich noch folgende interessante Saucen zulegen:

Chilisauce: scharfe Sauce zum Abschmecken oder Dippen.
Austernsauce: aus Sojasauce und Austern hergestellt, wird meist verwendet, wenn ein Hauch »Meer« gewünscht wird. Das gilt auch für
Fischsauce: einen dünnen Extrakt aus fermentiertem Fisch.
Currypasten: gibt es in Rot, Grün und Gelb, außerdem von mild bis scharf – wobei selbst die »milde« Sorte für Europäer noch ganz schön feurig schmeckt.

EXTRA-TIP!

Röllchen, Päckchen, kleine Taschen: schnell gemacht aus Fertigteigen, z. B. mit Reispapierblättern (5 Min. zwischen feuchte Tücher gelegt, werden sie biegsam und lassen sich nach Rezept füllen), tiefgekühlten Wan-Tan-Hüllen und Frühlingsrollenblättern (wie Wan-Tans einzeln vom Stapel abziehen und füllen, Rest einfrieren). Sie können aber ebensogut andere Fertigteige nach Rezept füllen, wie z. B. Strudelteig aus dem Kühlregal oder die in Folie verpackten Yufka- bzw. Fillo-Teigplatten (in türkischen bzw. griechischen Lebensmittelgeschäften). Alle Fertigteige können Sie sowohl dämpfen als auch fritieren.

Schnelle Saucen – selbstgemacht

Chilisauce

Je 1 kleine frische grüne und rote Chilischote putzen, entkernen und fein hacken **(Step 5).** Mit 3 EL Öl, 2 TL Zucker oder Honig, 5 EL Sojasauce und 5 EL Fleisch- oder Gemüsebrühe verrühren. Nach Belieben 1 geschälte Knoblauchzehe dazudrücken. Die Sauce in ein kleines Schraubglas füllen. Sie hält sich im Kühlschrank 4–5 Tage. Sie können sie auch tiefgefrieren, dann hält sie sich ca. 3 Monate. Zum Nachwürzen für Gemüse-, Fisch- und Fleischgerichte.

Gurken-Dip

5 EL Essig, $^{1}/_{8}$ l Wasser, 1 EL Sojasauce, 4 EL Zucker und $^{1}/_{2}$ TL Salz unter Rühren aufkochen. $^{1}/_{4}$ Salatgurke waschen, längs halbieren, entkernen **(Step 6)** und raspeln. 1 frische rote Chilischote putzen, 1 kleine Zwiebel schälen, beides fein würfeln. Alles unterrühren. Mit Zitronen- oder Limettensaft und Salz abschmecken. Paßt zu Gebratenem.

4

5

6

Erdnuß-Sauce

150 g geröstete, gesalzene Erdnüsse fein mahlen oder 150 g fertige Erdnußcreme aus dem Glas nehmen. 400 ml ungesüßte Kokosmilch erhitzen. Nüsse, 1 EL Currypaste, 3 EL Zitronen- oder Limettensaft, 3 EL Sojasauce und 2 TL Zucker hinzufügen. Unter Rühren cremig einköcheln lassen. Die Sauce in ein Schraubglas füllen. Sie hält sich bis zu 2 Wochen im Kühlschrank.

Auf einen Blick

Bei fast allen Rezepten finden Sie Hinweise, wie Sie sie abwandeln können: mit Zutaten aus dem Vorrat oder mit besonderen Zutaten für den ganz speziellen Kick, wenn Sie beispielsweise Gäste erwarten. Hier sind diese Rezepte auf einen Blick zu sehen.

Alle Wokvariationen für Gäste	Seite	Geschwindigkeitsindikator	Spezialität aus	läßt sich gut vorbereiten	besonders preiswert	für die schlanke Linie
Arabische Bratkartoffeln mit Tahin	28	ϟϟ	Tunesien		●	●
Bami Goreng mit frischen Shiitake-Pilzen	42	ϟϟϟ	Indonesien			●
Brasse mit Ingwer und Koriander	96	ϟϟϟ				●
Chinakohl süß-sauer mit Garnelen	10	ϟϟϟ	China		●	●
Fisch mit Limetten-Chili-Mayonnaise	104	ϟϟϟ		●		
Fischcurry mit Gemüsepapaya	98	ϟϟϟ	Thailand			●
Fritierte Bulgur-Kroketten mit Schafmilchjoghurt	38	ϟ	Türkei	●	●	
Frühlingsgemüse mit Maiskölbchen	22	ϟ				●
Frühlingsrollen mit Garnelen und Rucola	108	ϟϟ		●		
Garnelen mit Broccoli und Minze	110	ϟϟϟ				●
Gebratener Reis mit Huhn, Galgant und Zitronengras	54	ϟ	Indonesien	●		●
Gedämpfte Forellen mit Estragon	102	ϟϟϟ			●	●
Gemüse mit Räuchertofu oder Garnelen	16	ϟϟϟ			●	●
Hühnercurry mit Koriander und Zitronengras	80	ϟϟϟ	Thailand	●	●	●
Kichererbsensuppe mit Zuckerschoten, Champignons und Kokosmilch	14	ϟϟ		●	●	
Lammcurry mit Kokosmilch, Zitronengras und Koriander	74	ϟ	Thailand			
Paella-Wok mit Muscheln	60	ϟ	Spanien			
Paksoi mit gebratenen Austernpilzen	18	ϟϟϟ				●
Putenröllchen mit grünem Meerrettich	78	ϟϟ		●	●	●
Reis mit Broccoli, Garnelen und Kardamom	56	ϟϟϟ				
Rührei mit Sojasprossen, Erbsen und Garnelen	18	ϟϟϟ			●	●
Sauer-scharfe Gemüsesuppe mit Shiitake und Hühnerstreifen	14	ϟϟϟ	Vietnam		●	●
Schupfnudeln mit Spitzkohl	26	ϟϟϟ	China		●	●
Schupfnudeln selbst gemacht	26	ϟ		●	●	
Spareribs mit Kokosmilch und Zitronengras	68	ϟ			●	
Süß-saures Gemüse mit Romanesco	8	ϟ				●

Alle Vorratswoks dieses Buches

Alle Vorratswoks dieses Buches	Seite	Geschwindigkeitsindikator	Spezialität aus	läßt sich gut vorbereiten	besonders preiswert	für die schlanke Linie
Bami Goreng mit Schinken und TK-Gemüse	42	ϟϟϟ	Indonesien			●
Bulgur mit TK-Spinat	20	ϟϟϟ			●	
Chinesische Schinkennudeln mit TK-Spargel	46	ϟϟ	China		●	
Ente Panang aus TK-Filet	86	ϟϟϟ	Thailand			●
Fischcurry mit Kartoffeln	98	ϟϟϟ	Indien	●	●	●
Fischfilet in Lauchblättern	100	ϟϟ		●	●	●
Forellen mit Ingwer	96	ϟϟϟ	China		●	●
Fritierte Reis-Kroketten mit Crème fraîche	38	ϟ		●	●	
Fritierte Reisbällchen mit Thunfisch und Tomatensauce	58	ϟ		●	●	
Fritierte Sojasprossen mit TK-Schnittlauch	10	ϟ			●	
Frühlingsrollen mit Sojasprossen	34	ϟ		●	●	
Frühlingsrollen mit TK-Garnelen	108	ϟϟ		●		
Garnelen mit Sojasprossen	108	ϟϟ	China			
Gebratener Reis mit TK-Fleisch und Zwiebeln	54	ϟ	Indonesien	●	●	
Gedämpfte TK-Forellen	102	ϟϟϟ			●	●
Glasnudel-Tomaten-Sum mit süß-saurer Sauce	82	ϟ		●		●
Glasnudeln mit Trockenpilzen	44	ϟ	China	●	●	●
Kartoffel-Curry mit Kichererbsen	16	ϟϟϟ	Indien	●	●	
Mie Goreng mit Lauch und Möhren	40	ϟϟϟ	Indonesien	●		●
Nasi goreng mit TK-Garnelen	56	ϟ	Indonesien	●	●	
Nudeln mit TK-Gemüse	48	ϟϟϟ			●	●
Paella-Wok mit TK-Fleisch und -Garnelen	60	ϟ	Spanien			
Pikantes Kartoffelgemüse	8	ϟϟ			●	●
Reis mit TK-Garnelen und -Broccoli	56	ϟϟϟ				
Scharfe Maiskölbchen	24	ϟϟϟ			●	●
Schinken süß-sauer	66	ϟϟϟ	China		●	
Sesamnudeln mit Zwiebeln	42	ϟϟϟ	Thailand		●	
Spaghetti mit Muscheln und TK-Gemüse	50	ϟ	Italien			
Süß-saures TK-Wintergemüse	12	ϟϟ			●	●
Tintenfischringe mit Erbsendip	112	ϟϟϟ			●	●
TK-Fisch in Erdnußsauce	98	ϟϟϟ	Thailand		●	●
TK-Fisch mit Chilisauce	104	ϟϟϟ			●	
TK-Fleisch mit Erdnüssen	80	ϟϟϟ	Thailand		●	●
TK-Fleisch süß-sauer	66	ϟϟϟ	China		●	
TK-Gemüse mit Kerbel	22	ϟ			●	●
TK-Spinat mit getrockneten Pilzen	18	ϟϟϟ			●	●
Wan-Tans mit Bambussprossen und Zwiebeln	32	ϟ	China	●		
Zitronen-Fisch mit Zwiebeln und Möhren	96	ϟϟϟ			●	●
Zwiebeln süßsauer	10	ϟϟϟ			●	●

Register von A bis Z

Ananas
Gebratene Nudeln mit Rindfleisch 46
Hühnercurry 80
Schweinefleisch süß-sauer 66
Vietnamesische Frühlingsrollen 36
Äpfel: Entenbrust auf Apfel-Lauch-Gemüse 88
Arabische Bratkartoffeln 28
Auberginen
Gedämpfter Fisch mit scharfen Auberginen 92
Pikante Auberginen 8
Schnelle Ratatouille 20
Austernpilze: Spinat mit gebratenen Austernpilzen 18
Avocado: Tintenfischringe mit Avocadodip 112

Bambussprossen
Chop Suey mit Bohnen 66
Gebratene Nudeln mit Rindfleisch 46
Gemüsenudeln 48
Vietnamesische Frühlingsrollen 36
Bami Goreng 42
Blumenkohl: Süß-saures Gemüse 8
Bohnen
Chili con carne 72
Chop Suey mit Bohnen 66
Kichererbsensuppe mit Petersilien-Joghurt 14
Spareribs mit schwarzen Bohnen 70
Brasse mit Ingwer 96
Broccoli
Frühlingsgemüse mit Kerbel 22
Reis mit Broccoli und Garnelen 56
Süß-scharfes Thaigemüse 6
Bulgur
Bulgur-Kroketten 38
Mangold-Bulgur 20
Buntes Gemüse mit mariniertem Tofu 16

Chicorée: Frühlingsrollen mit Garnelen 108
Chili con carne 72
Chili: Fisch mit Chili-Mayo 104
Chinakohl
Chinakohl süßsauer 10
Gedämpftes Hähnchenbrustfilet 84
Vietnamesische Frühlingsrollen 36
Wan-Tans mit Orangensauce 32
Chinesische Schinkennudeln mit Spargel 46
Chop Suey mit Bohnen 66
Coq au Sherry 84

Dips: Frühlingsrollen mit schnellen Dips 34

Eier
Frühlings-Reis mit Basilikum und Ei 62
Rührei mit getrockneten Pilzen 18
Entenfleisch
Ente Panang 86
Entenbrust auf Apfel-Lauch-Gemüse 88
Gebratener Gewürzreis 54
Glasierte Entenstreifen 88
Erbsen: Paella-Wok 60
Erdnüsse
Hühnerbrust mit Erdnüssen und Chili 80
Fisch in Erdnußsauce 98

Fenchel: Muschel-Spaghetti mit Fenchel 50
Fisch
Fischcurry 98
Fischfilets in Dillsahne 102
Fisch in Erdnußsauce 98
Fisch mit Chili-Mayo 104
Fritierte Fischbällchen 92
Gedämpfter Fisch mit scharfen Auberginen 92
Gefüllte Miesmuscheln 110
Paella-Wok 60
Zitronen-Gurken-Fisch 96
Forellen: Gedämpfte Forellen 102
Fritierte Fischbällchen 92
Fritierte Reisbällchen mit Tomatensauce 58
Fritierte Sojasprossen mit Schnittlauch 10
Frühlings-Reis mit Ei 62
Frühlingsgemüse mit Kerbel 22
Frühlingsrollen
Frühlingsrollen mit Garnelen 108
Frühlingsrollen mit schnellen Dips 34
Vietnamesische Frühlingsrollen 36

Garnelen
Frühlingsrollen mit Garnelen 108
Garnelen mit Minze 110
Garnelen mit Zuckerschoten 108
Gebratener Gewürzreis 54
Nasi goreng 56
Paella-Wok 60
Reis mit Broccoli und Garnelen 56
Umhüllte Garnelen mit Dip 106
Gebratene Nudeln mit Rindfleisch 46
Gebratener Gewürzreis 54
Gebratener Reis mit Huhn und Basilikum 54
Gedämpfte Forellen 102
Gedämpfte Wan-Tans 30
Gedämpfter Kabeljau im Spinatbett 90
Gedämpfter Fisch mit scharfen Auberginen 92
Gedämpftes Hähnchenbrustfilet 84
Gefüllte Miesmuscheln 110
Gemüsenudeln 48
Glasierte Entenstreifen 88
Glasnudeln
Puten-Sum mit süß-saurer Sauce 82
Sauer-scharfe Gemüsesuppe 14
Vietnamesische Frühlingsrollen 36
Gurken
Bulgur-Kroketten 38
Fisch in Erdnußsauce 98
Frühlingsrollen mit drei Dips 34
Schweinefleisch süß-sauer 66
Zitronen-Gurken-Fisch 96
Gut vorzubereiten
Bulgur-Kroketten 38
Fritierte Reisbällchen mit Tomatensauce 58
Gebratener Gewürzreis 54
Gefüllte Miesmuscheln 110
Käse-Pastetchen 38
Spareribs mit schwarzen Bohnen 70
Vietnamesische Frühlingsrollen 36

Hackfleisch: Fritierte Reisbällchen mit Tomatensauce 58
Hähnchenfleisch
Coq au Sherry 84
Gebratener Reis mit Huhn und Basilikum 54
Gedämpftes Hähnchenbrustfilet 84
Hühnerbrust mit Erdnüssen und Chili 80
Hühnercurry 80
Hühnerfleisch mit Pilzen in Salat 78
Möhren-Curry-Reis mit Kressejoghurt 58
Nasi goreng 56
Paella-Wok 60
Scharfe Reisnudeln 44
Weißkohlnudeln mit Hühnerfilet 52

Ingwer: Brasse mit Ingwer 96

Joghurt
Bulgur-Kroketten 38
Frühlingsrollen mit schnellen Dips 34
Kichererbsensuppe mit Petersilien-Joghurt 14
Möhren-Curry-Reis mit Kressejoghurt 58

Kabeljau
Fisch in Erdnußsauce 98
Gedämpfter Kabeljau im Spinatbett 90
Karpfen auf Gemüse 104
Kartoffeln
Arabische Bratkartoffeln 28
Fritierte Fischbällchen 92
Schupfnudeln mit Kohl 26
Käse-Pastetchen 38
Kerbel: Frühlingsgemüse mit Kerbel 22
Kichererbsen
Arabische Bratkartoffeln 28
Kichererbsensuppe mit Petersilien-Joghurt 14
Kürbis-Kichererbsen-Curry 16
Kohl
Krautnudeln mit Schafkäse 48
Schupfnudeln mit Kohl 26
Weißkohlnudeln mit Hühnerfilet 52
Kohlrabi
Kohlrabigemüse mit Sonnenblumenkernen 24
Süß-saures Gemüse 8
Kokosmilch
Ente Panang 86
Fischcurry 98
Fisch in Erdnußsauce 98
Gebratene Nudeln mit Rindfleisch 46
Kürbis-Kichererbsen-Curry 16
Lamm-Kokos-Curry 74
Scharfes Currygemüse 24
Spareribs mit Kokosmilch 68
Krabben: Scharfe Reisnudeln 44
Krautnudeln mit Schafkäse 48
Kroketten: Bulgur-Kroketten 38
Kürbis-Kichererbsen-Curry 16

Lammfleisch
LammKokos-Curry 74
Spargel-Lamm-Wok 74
Lauch
Arabische Bratkartoffeln 28
Entenbrust auf Apfel-Lauch-Gemüse 88
Fischcurry 98
Hühnerbrust mit Erdnüssen und Chili 80
Kürbis-Kichererbsen-Curry 16
Nasi goreng 56
Putenröllchen 78
Reisnudeln mit Pilzen 44
Sauer-scharfe Gemüsesuppe 14
Scharfes Currygemüse 24
Schupfnudeln mit Kohl 26
Schweinefleisch mit Currylinsen 68
Süß-saures Gemüse 8
Linsen: Schweinefleisch mit Currylinsen 68

Mais
Frühlingsgemüse mit Kerbel 22
Gebratener Gewürzreis 54
Sauer-scharfe Gemüsesuppe 14
Scharfes Currygemüse 24
Wan-Tan mit Kokos-Gemüse-Füllung 28
Mango: Hühnerfleisch mit Pilzen in Salat 78
Mangold
Mangold-Bulgur 20
Mie Goreng 40
Mayonnaise: Fisch mit Chili-Mayo 104
Mie Goreng 40
Möhren
Bulgur-Kroketten 38
Buntes Gemüse mit mariniertem Tofu 16
Chop Suey mit Bohnen 66
Coq au Sherry 84
Karpfen auf Gemüse 104
Kichererbsensuppe mit Petersilien-Joghurt 14
Kohlrabigemüse mit Sonnenblumenkernen 24
Möhren-Curry-Reis mit Kressejoghurt 58
Muschel-Spaghetti mit Fenchel 50
Putenröllchen 78
Sauer-scharfe Gemüsesuppe 14
Scharfes Currygemüse 24
Süß-saures Gemüse 8
Süß-scharfes Thaigemüse 6
Süßsaures Wintergemüse mit

Walnüssen 12
Vietnamesische Frühlingsrollen 36
Wan-Tans mit Orangensauce 32
Muscheln
Gefüllte Miesmuscheln 110
Muschel-Spaghetti mit Fenchel 50

Nasi goreng 56
Nudeln
Bami Goreng 42
Chinesische Schinkennudeln mit Spargel 46
Gebratene Nudeln mit Rindfleisch 46
Gefüllte Tomaten 52
Gemüsenudeln 48
Krautnudeln mit Schafkäse 48
Mie Goreng 40
Muschel-Spaghetti mit Fenchel 50
Reisnudeln mit Pilzen 44
Sesamnudeln 42
Wan-Tan mit Kokos-Gemüse-Füllung 28
Wan-Tans mit Orangensauce 32
Weißkohlnudeln mit Hühnerfilet 52

Orangen: Wan-Tans mit Orangensauce 32

Paella-Wok 60
Palmherzen: Mie Goreng 40
Papaya: Mie Goreng 40
Paprikaschoten
Fritierte Fischbällchen 92
Gebratener Gewürzreis 54
Gemüsenudeln 48
Mie Goreng 40
Paella-Wok 60
Pikante Auberginen 8
Rindfleisch mit Paprika 72
Schnelle Ratatouille 20
Schweinefleisch mit Currylinsen 68
Süß-saures Gemüse 8
Weißkohlnudeln mit Hühnerfilet 52
Zitronen-Gurken-Fisch 96
Pastetchen: Käse-Pastetchen 38
Pikante Auberginen 8
Pilze
Frühlings-Reis mit Ei 62
Hühnerfleisch mit Pilzen in Salat 78
Karpfen auf Gemüse 104
Reisnudeln mit Pilzen 44
Rindfleisch mit Paprika 72
Rührei mit getrockneten Pilzen 18
Sauer-scharfe Gemüsesuppe 14
Wildreis-Pfanne mit Wirsing und Pilzen 62
Preiswert
Arabische Bratkartoffeln 28
Bulgur-Kroketten 38
Buntes Gemüse mit mariniertem Tofu 16
Chili con carne 72
Chinakohl süßsauer 10
Fritierte Reisbällchen mit Tomatensauce 58
Gedämpfte Forellen 102
Käse-Pastetchen 38
Kohlrabigemüse mit Sonnenblumenkernen 24
Mangold-Bulgur 20
Pikante Auberginen 8
Putenröllchen 78
Sauer-scharfe Gemüsesuppe 14
Schnelle Ratatouille 20
Spareribs mit Kokosmilch 68
Spareribs mit schwarzen Bohnen 70
Süßsaures Wintergemüse mit Walnüssen 12
Tintenfisch mit Zucchini 112
Weißkohlnudeln mit Hühnerfilet 52
Putenfleisch
Frühlings-Reis mit Ei 62
Mie Goreng 40
Puten-Sum mit süß-saurer Sauce 82
Putenröllchen 78

Quark: Fritierte Sojasprossen mit Schnittlauch 10

Radieschen: Fritierte Sojasprossen mit Schnittlauch 10
Ratatouille: Schnelle Ratatouille 20
Reis
Fritierte Reisbällchen mit Tomatensauce 58
Frühlings-Reis mit Ei 62
Gebratener Gewürzreis 54
Gebratener Reis mit Huhn und Basilikum 54
Möhren-Curry-Reis mit Kressejoghurt 58
Nasi goreng 56
Paella-Wok 60
Reis mit Broccoli und Garnelen 56
Wildreis-Pfanne mit Wirsing und Pilzen 62
Reisnudeln
Bami Goreng 42
Reisnudeln mit Pilzen 44
Scharfe Reisnudeln 44
Sesamnudeln 42
Umhüllte Garnelen mit Dip 106
Reispapierblätter: Puten-Sum mit süß-saurer Sauce 82
Rindfleisch
Bami Goreng 42
Chili con carne 72
Gebratene Nudeln mit Rindfleisch 46
Rindfleisch mit Paprika 72
Rindfleischbällchen mit Tomatensauce 64
Rosenkohl: Süßsaures Wintergemüse mit Walnüssen 12
Rotbarben im Wirsingblatt 100
Rührei mit getrockneten Pilzen 18

Salat: Hühnerfleisch mit Pilzen in Salat 78
Sauer-scharfe Gemüsesuppe 14
Schafkäse: Krautnudeln mit Schafkäse 48
Scharf
Kichererbsensuppe mit Petersilien-Joghurt 14
Pikante Auberginen 8
Sauer-scharfe Gemüsesuppe 14
Scharfe Reisnudeln 44
Scharfes Currygemüse 24
Süß-scharfes Thaigemüse 6
Schinken
Chinesische Schinkennudeln mit Spargel 46
Schollenröllchen im Spinatmantel 94
Schnell
Brasse mit Ingwer 96
Buntes Gemüse mit mariniertem Tofu 16
Chili con carne 72
Chinakohl süßsauer 10
Ente Panang 86
Fischcurry 98
Fischfilets in Dillsahne 102
Fisch in Erdnußsauce 98
Fisch mit Chili-Mayon 104
Garnelen mit Minze 110
Gedämpfte Forellen 102
Gedämpfter Kabeljau im Spinatbett 90
Glasierte Entenstreifen 88
Hühnerbrust mit Erdnüssen und Chili 80
Karpfen auf Gemüse 104
Kohlrabigemüse mit Sonnenblumenkernen 24
Kürbis-Kichererbsen-Curry 16
Mangold-Bulgur 20
Mie Goreng 40
Reis mit Broccoli und Garnelen 56
Rührei mit getrockneten Pilzen 18
Sauer-scharfe Gemüsesuppe 14
Schnelle Ratatouille 20
Schupfnudeln mit Kohl 26
Schweinefleisch süß-sauer 66
Spinat mit gebratenen Austernpilzen 18
Süß-saures Gemüse 8
Süß-scharfes Thaigemüse 6
Tintenfisch mit Zucchini 112
Weißkohlnudeln mit Hühnerfilet 52
Schnittlauch: Fritierte Sojasprossen mit Schnittlauch 10
Schollenröllchen im Spinatmantel 94
Schupfnudeln mit Kohl 26
Schweinefleisch
Chop Suey mit Bohnen 66
Paella-Wok 60
Schweinefleisch mit Currylinsen 68
Schweinefleisch süß-sauer 66
Spareribs mit Kokosmilch 68
Spareribs mit schwarzen Bohnen 70
Sellerie
Garnelen mit Zuckerschoten 108
Karpfen auf Gemüse 104
Kichererbsensuppe mit Petersilien-Joghurt 14
Spareribs mit schwarzen Bohnen 70
Süßsaures Wintergemüse mit Walnüssen 12
Sesamnudeln 42
Sherry: Coq au Sherry 84
Sojasprossen
Chop Suey mit Bohnen 66
Fritierte Sojasprossen mit Schnittlauch 10
Frühlingsrollen mit schnellen Dips 34
Garnelen mit Minze 110
Garnelen mit Zuckerschoten 108
Glasierte Entenstreifen 88
Spaghetti: Muschel-Spaghetti mit Fenchel 50
Spareribs mit Kokosmilch 68
Spareribs mit schwarzen Bohnen 70
Spargel
Chinesische Schinkennudeln mit Spargel 46
Frühlings-Reis mit Basilikum und Ei 62
Spargel-Lamm-Wok 74
Spinat
Fischfilets in Dillsahne 102
Frühlingsgemüse mit Kerbel 22
Gedämpfter Kabeljau im Spinatbett 90
Gefüllte Tomaten 52
Reisnudeln mit Pilzen 44
Schollenröllchen im Spinatmantel 94
Spargel-Lamm-Wok 74
Spinat mit gebratenen Austernpilzen 18
Süß-scharfes Thaigemüse 6
Suppe
Kichererbsensuppe mit Petersilien-Joghurt 14
Sauer-scharfe Gemüsesuppe 14
Süß-saures Gemüse 8
Süß-scharfes Thaigemüse 6
Süßkartoffel: Fischcurry 98
Süßsaures Wintergemüse mit Walnüssen 12

Tintenfisch mit Zucchini 112
Tintenfischringe mit Avocadodip 112
Tofu
Buntes Gemüse mit mariniertem Tofu 16
Scharfe Reisnudeln 44
Tomaten
Arabische Bratkartoffeln 28
Chili con carne 72
Fisch in Erdnußsauce 98
Fritierte Reisbällchen mit Tomatensauce 58
Gebratene Nudeln mit Rindfleisch 46
Gedämpftes Hähnchenbrustfilet 84
Gefüllte Tomaten 52
Kichererbsensuppe mit Petersilien-Joghurt 14
Krautnudeln mit Schafkäse 48
Paella-Wok 60
Puten-Sum mit süß-saurer Sauce 82
Rindfleischbällchen mit Tomatensauce 64
Schnelle Ratatouille 20
Schweinefleisch süß-sauer 66
Umhüllte Garnelen mit Dip 106
Tortilla-Chips: Rindfleischbällchen mit Tomatensauce 64

Umhüllte Garnelen mit Dip 106

Vegetarisch
Arabische Bratkartoffeln 28
Bulgur-Kroketten 38
Chinakohl süßsauer 10
Frühlingsgemüse mit Kerbel 22
Gefüllte Tomaten 52
Gemüsenudeln 48
Käse-Pastetchen 38
Kichererbsensuppe mit Petersilien-Joghurt 14
Kohlrabigemüse mit Sonnenblumenkernen 24
Krautnudeln mit Schafkäse 48
Mangold-Bulgur 20
Pikante Auberginen 8
Reisnudeln mit Pilzen 44
Rührei mit getrockneten Pilzen 18
Sauer-scharfe Gemüsesuppe 14
Scharfes Currygemüse 24
Schnelle Ratatouille 20
Schupfnudeln mit Kohl 26
Sesamnudeln 42
Spinat mit gebratenen Austernpilzen 18
Süß-saures Gemüse 8
Süß-scharfes Thaigemüse 6
Süßsaures Wintergemüse mit Walnüssen 12
Vietnamesische Frühlingsrollen 36
Wan-Tan mit Kokos-Gemüse-Füllung 28
Wan-Tans mit Orangensauce 32
Vietnamesische Frühlingsrollen 36

Walnüsse: Süßsaures Wintergemüse mit Walnüssen 12
Wan-Tan mit Kokos-Gemüse-Füllung 28
Wan-Tans mit Orangensauce 32
Weißkohlnudeln mit Hühnerfilet 52
Wildreis-Pfanne mit Wirsing und Pilzen 62
Wirsing
Rotbarben im Wirsingblatt 100
Wildreis-Pfanne mit Wirsing und Pilzen 62

Zitronen-Gurken-Fisch 96
Zucchini
Buntes Gemüse mit mariniertem Tofu 16
Fischcurry 98
Frühlings-Reis mit Ei 62
Gedämpfte Forellen 102
Gemüsenudeln 48
Schnelle Ratatouille 20
Spareribs mit Kokosmilch 68
Tintenfisch mit Zucchini 112
Zuckerschoten
Frühlings-Reis mit Basilikum und Ei 62
Garnelen mit Zuckerschoten 108
Glasierte Entenstreifen 88
Hühnercurry 80
Scharfes Currygemüse 24

Impressum

Die Autorinnen

Angelika Ilies: Die gebürtige Hamburgerin mit Wohnsitz in der Nähe von Frankfurt begann ihren Start in die Karriere direkt nach dem ÖkotropholgStudium – mit einem Umweg über London, wo sie in einem renommierten Verlag Redaktionsalltag erlebte. Zurück im eigenen Land verstärkte sie das Kochressort der größten deutschen Foodzeitschrift. Seit 1989 arbeitet sie erfolgreich als freie Autorin und Food-Journalistin. Ihr Schwerpunkt sind internationale und schnelle Rezepte.

Martina Kittler: Nach dem Ökotropholgie- und Sportstudium machte sie ihre Leidenschaft Kochen zum Beruf. Fast acht Jahre lang arbeitete sie in der Redaktion der größten deutschen Kochzeitschrift. Seit 1991 schreibt sie freiberuflich Bücher und Artikel für Zeitschriften. Ihre Schwerpunkte: moderne und gesunde Ernährung und unkomplizierte Rezepte.

Gudrun Ruschitzka: Die gebürtige Sächsin hat ihre berufliche Laufbahn mit einem Facharbeiterbrief als Köchin begonnen. Nach Bibliothekarschule und Kunstgeschichte-Studium arbeitete sie in München bei einem international anerkannten Party-Service. Ihre Stärke: unkomplizierte Rezepte, die sich gut für Gäste eignen.

Christa Schmedes: Durch ihre Liebe zum Kochen kam sie zum Hotelfach und hat dort, im Feinschmeckerland Baden, das Kochen von der Pike auf gelernt. Heute arbeitet sie als freie Mitarbeiterin für namhafte Zeitschriften- und Buchverlage und in den Studios bekannter Food-Fotografen. Ihr Schwerpunkt: Schnelle und raffinierte Rezepte.

Marlisa Szwillus: Die Liebe zum Essen wurde ihr in die Wiege gelegt, denn ihre Eltern legen großen Wert auf gutes Essen und beste Qualität der Lebensmittel. Aus dem Hobby wurde Berufung: Studium der Ökotrophologie, dann Redaktion im Kochressort einer großen Frauenzeitschrift. Im Anschluß daran leitete sie mehrere Jahre lang das Kochressort der größten deutschen Food- und Haushaltszeitschrift. Seite 1993 ist sie als freie Food-Journalistin und Kochbuchautorin tätig. Für dieses Buch hat sie die Theorieseiten erarbeitet.

Der Fotograf

Reiner Schmitz: Er begann seine berufliche Laufbahn in Düsseldorf und München als Assistent bei verschiedenen Food- und Stillife-Fotografen. 1989 machte er sich als Fotodesigner in diesen Spezialgebieten selbstständig. Zu seinen Kunden zählen Industrie, Werbeagenturen und Verlage. Besonderen Wert legt Reiner Schmitz auf stimmungsvolle Aufnahmen, die die natürliche Frische der Lebensmittel wiedergeben. Die Fotos dieses Buches entstanden in enger Zusammenarbeit mit dem Koch und Foodstylisten Rudolf Vornehm.

Redaktion: Dr. Stephanie v. Werz-Kovacs
Lektorat: Cornelia Schinharl
Versuchsküche: Traute Hatterscheid, Marianne Obermayr, Susanne Traxler
Fotografie: Reiner Schmitz
Foodstyling: Rudolf Vornehm
Typografie und Layout: Kraxenberger KommunikationsHaus GmbH
Herstellung: Bettina Häfele
Satz: J. Kojer
Reproduktion: Repro Schmidt, Dornbirn/Austria
Druck: Appl, Wemding
Bindung: Großbuchbinderei Monheim

ISBN 3-7742-1184-1

Auflage 5. 4.
Jahr 03 02 01 2000

Abkürzungen

TL = Teelöffel
EL = Eßlöffel
Msp. = Messerspitze
kJ = Kilojoule
kcal = Kilokalorien

Geschwindigkeitsindikator

ϟϟϟ = bis 30 Min.
ϟϟ = bis 40 Min.
ϟ = über 45 Min.

Vielen Dank!

Ein ganz herzliches Dankeschön sprechen wir der Spring AG Switzerland aus, die uns sämtliche Woks, Rechauds und alles Wokzubehör zur Verfügung gestellt hat, die in diesem Buch abgebildet sind. Auch das Service Asia: Teller, Schüsseln, Schalen und Teebecher (die man auch für kleine Saucenmengen gut verwenden kann) stammt von Spring Switzerland. (Der Teller ist schwarz, die anderen Serviceteile sind ebenfalls innen schwarz, außen weiß, alle mit dekorativem rotem Rand – Seite 17, 25, 35, 37, 43, 53, 63, 64–65, 75, 87, 93, 99, 103, 105, 109).

Weiterhin geht unser ganz besonderer Dank an KAHLA/Thüringen Porzellan GmbH, die uns großzügig mit Porzellan der Linie Update 1.5 Eurasia ausgestattet haben: Seite 9, 19, 29, 39, 47, 49, 55, 59, 73, 79, 83, 85, 89, 97, 107, 113.

DAS ORIGINAL MIT GARANTIE GU

Das Original mit Garantie

Ihre Meinung ist uns wichtig. Deshalb möchten wir Ihre Kritik, gerne aber auch Ihr Lob erfahren. Um als führender Ratgeberverlag für Sie noch besser zu werden. Darum: Schreiben Sie uns!
leserservice @graefe-und-unzer.de
Wir freuen uns auf Ihre Post und wünschen Ihnen viel Spaß mit Ihrem GU-Ratgeber.

Unsere Garantie: Sollte ein GU-Ratgeber einmal einen Fehler enthalten, schicken Sie uns das Buch mit einem kleinen Hinweis und der Quittung innerhalb von sechs Monaten nach dem Kauf zurück. Wir tauschen Ihnen den GU-Ratgeber gegen einen anderen zum gleichen oder ähnlichen Thema um.

Ihr Gräfe und Unzer Verlag
Redaktion Kochen
Postfach 86 03 25
81630 München
Fax: 0 89/4 19 81 - 113